Avant Eden

DU MÊME AUTEUR CHEZ SEPTENTRION

La Tentation de l'Orient. Une nouvelle politique américaine en Asie-Pacifique, 2010.

Barthélémy Courtmont

Avant Eden

Sur les routes d'Europe et d'Asie

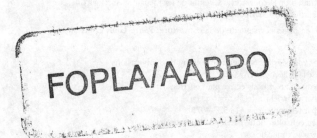

hamac-carnets

Les éditions du Septentrion remercient le Conseil des Arts du Canada
et la Société de développement des entreprises culturelles du Québec
(SODEC) pour le soutien accordé à leur programme d'édition, ainsi
que le gouvernement du Québec pour son Programme de crédit
d'impôt pour l'édition de livres. Nous reconnaissons également l'aide
financière du gouvernement du Canada par l'entremise du Fonds du
livre du Canada (FLC) pour nos activités d'édition.

Chargé de projet: Éric Simard

Révision: Fleur Neesham

Correction d'épreuves: Marie-Michèle Rheault

Illustration de la couverture: Chemin de fer menant à Auschwitz,
    Barthélémy Courmont.

Mise en pages et maquette de la couverture: Pierre-Louis Cauchon

Si vous désirez être tenu au courant des publications
de la collection HAMAC
vous pouvez nous écrire par courrier,
par courriel à info@hamac.qc.ca,
par télécopieur au 418 527-4978
ou consulter notre catalogue sur Internet:
www.hamac.qc.ca

© Les éditions du Septentrion
1300, av. Maguire
Québec (Québec)
G1T 1Z3

Dépôt légal:
Bibliothèque et Archives
nationales du Québec, 2013
ISBN papier: 978-2-89448-697-9
ISBN PDF: 978-2-89664-702-6
ISBN EPUB: 978-2-89664-709-5

Diffusion au Canada:
Diffusion Dimedia
539, boul. Lebeau
Saint-Laurent (Québec)
H4N 1S2

Ventes en Europe:
Distribution du Nouveau Monde
30, rue Gay-Lussac
75005 Paris, France

*À Mia Eden, en attendant de pouvoir voyager avec toi
dans ce vaste jardin qu'est le monde.*

Introduction

Pourquoi un professeur prend-il le bus pour voyager ?

Voilà une question pour le moins incongrue à laquelle je fus pourtant un jour obligé de répondre. Obligé, je le précise, car elle me fut posée par un douanier peu commode, à la fois impatient et indiscret (ce qui à première vue pourrait être une qualité pour un métier de ce type), à la frontière entre le Canada et les États-Unis, sur la route Montréal-New York. Dans ce type de situation, toute question fait partie de l'interrogatoire de routine auquel on ne peut se soustraire, et qui suppose par ailleurs une réponse à la fois rapide et mesurée. Qui voudrait en effet se risquer à mesurer les conséquences du moindre écart de conduite, face à des sentinelles dont le métier consiste à regarder passer les voyageurs, et qui pourtant, sans doute effrayées par les formalités contraignantes des passages de frontières – qu'elles ne connaissent que trop bien –, ne voyagent de leur côté généralement jamais ?

Un comble donc de se faire poser ce type de question par quelqu'un qui n'a peut-être jamais pris l'avion, puisqu'à défaut de bus, c'est de cela, j'imagine, dont il s'agit.

Mon bon Monsieur, ou devrais-je dire Officier, puisque vous semblez accorder tant d'importance au port de l'uniforme, je vous répondrai de manière rapide, afin de ne pas faire attendre ceux que l'Amérique attire encore et sont sagement alignés derrière moi, que c'est en voyageant qu'on apprend à voyager. Ou plus exactement à mieux voyager. Or, j'ai beaucoup voyagé, même si cela ne signifie pas grand-chose en soi, certains y voyant une collection de destinations, et d'autres l'alimentation d'une carte de miles de récompense d'une quelconque compagnie aérienne leur permettant de planifier leurs trajets. Certains n'ont en tête que la destination, d'autres prennent un plaisir fou à profiter de ce qu'il reste de confort dans les avions (et ils repartent en général déçus). Certains veulent aller là où le soleil ne se couche jamais, d'autres préfèrent les rythmes endiablés des nuits de ces lieux où l'astre n'a pas le droit de se lever, au risque de briser les rêves que les ombres majestueuses – et trompeuses – des éclairages aux néons et un trop-plein d'alcool mal distillé suscitent.

Mon rêve s'apparente plus à un tour du monde en quatre-vingts ans – et plus si affinité, et si la santé me le permet –, qu'à des déplacements éclair dans des villes et des contrées dont je ne saurais rien retenir, sinon le nom de l'aéroport, le modèle de voiture utilisé par les taxis, et bien entendu le confort de l'hôtel. Ce confort étant évalué par la qualité du petit-déjeuner continental et le nombre de canaux télévisés auquel j'ai accès, il est harmonisé au point d'être banalisé. Bref, tout ce qu'on appelle voyage par commodité, mais qui n'est en fait qu'un déplacement géographique avec, en prime et en guise de souvenir, un peu de folklore ramené dans ses bagages et dans la carte mémoire d'un appareil photo numérique reçu en cadeau d'anniversaire ou à Noël.

J'aime la lenteur, et malgré nos sociétés qui privilégient jour après jour un peu plus la vitesse, les bus restent exceptionnellement lents. J'aime me mêler à ces autochtones qui le prennent pour aller au travail ou rendre visite à un proche, voyageant avec trois fois rien ou s'encombrant au contraire de sacs énormes, d'animaux morts ou vivants, et qui font du moyen de transport qu'ils ont choisi un lieu de vie.

Je voyage en bus parce que je n'aime pas les décalages horaires, qui établissent de manière trop arbitraire des distances si fortes entre nous et le monde qu'on se résout à ne jamais les franchir, par crainte de ne pouvoir s'en remettre. Je voyage en bus parce que je n'aime pas les langues étrangères, qui nous séparent et créent des identités trop souvent artificielles, et qui pour ajouter au lot nous sont imposées de manière tout aussi arbitraire. En prenant le temps de voyager, on prend aussi le temps de se familiariser avec elles, et elles semblent ainsi moins effrayantes. Je voyage en bus parce que je n'aime pas les frontières, qui sont plus une contrainte qu'une protection et ne font que nous enfermer dans des ensembles artificiels trop restreints et repliés sur eux-mêmes. En prenant l'avion, on ne peut vraiment réaliser à quel point ces frontières sont un enfer, et c'est dans un souci d'enquête que je me résous à les passer au sol, histoire d'apporter peut-être un jour un témoignage en faveur de leur élimination définitive. Car après tout, la vie est une enquête per-pétuelle, à défaut d'être une quête, et nous donnons toute notre énergie soit à démontrer la pertinence de nos intuitions, soit à en emmagasiner de nouvelles, au fur et à mesure de nos découvertes. Après avoir tra-versé tant de frontières — et en m'excusant par avance du tort fait à votre profession —, je n'en ferais pas le moindre éloge, mais estime au contraire qu'elles sont un obstacle bien triste à notre développement.

Voilà ce que j'aurais pu répondre à ce douanier s'il m'en avait donné l'occasion. S'il m'avait laissé quelques minutes de réflexion, histoire de m'autoriser à lui sortir la meilleure des explications, et de m'étaler un peu. Mais à trois heures du matin, au milieu d'une nuit passée sur une banquette inconfortable d'un bus Greyhound, avec des voisins ronflants et d'autres pianotant sur leur *smartphone* je ne sais quelle ânerie, et face à l'impatience d'un officier zélé au point d'en être presque suspect (je me méfie toujours des gens qui prennent leur travail trop à cœur, ça cache souvent quelque chose de louche), ce genre de réponse ne vient malheureusement pas à l'esprit. Ma première réaction fut donc un « euh » évocateur, auquel j'ajoutai, sur un air un peu narquois, un navrant « Vous savez, un professeur ne gagne pas autant d'argent que vous l'imaginez. » L'inspiration ne se commande pas !

Reste que le douanier aurait pu faire preuve d'un peu plus d'imagination lui aussi, ou tout simplement poser la seule et vraie question qui compte : pourquoi voyage-t-on ? J'aurais alors pu développer ma réponse avec beaucoup plus de facilité. Et même le retenir jusqu'au bout de la nuit, qu'il comprenne pourquoi les voyageurs sont des gens heureux, et pourquoi ils ont plaisir à partager avec les autres leur bonheur, plutôt que de les presser avec des questions tout aussi inutiles que les formalités administratives qui les accompagnent, et que ce pauvre douanier croit indispensables à la protection de son pays.

Mais je ne lui en veux pas de ne pas avoir la moindre idée du sens à donner au voyage. Des douaniers comme lui, un peu dépassés par la modernité, et qui croient pourtant disposer de la panoplie la plus sophistiquée des gardiens de l'intégrité territoriale, nous en avons, ma femme et moi, forcément croisés un certain nombre dans un périple qui, pendant dix semaines, nous a fait traverser la moitié de la planète, et crapahuter sur deux continents qu'aucune mer ne sépare et que tout semble cependant opposer : l'Europe et l'Asie.

Ultimes préparatifs :
donner un sens au voyage

L'objectif de ce voyage pourrait se résumer en une courte phrase : rentrer à la maison en prenant le temps de profiter des chemins de traverse. Après une riche année passée au Québec, puis un passage obligé par la France pour visiter la famille, cap sur Taiwan où nous avons élu domicile depuis plusieurs années. Mais puisque mon épouse et moi n'avons pas d'obligations particulières, pourquoi ne pas prendre notre temps ? Nous nous accordons deux mois et demi, sans aucune contrainte de calendrier. Ce n'est pas la première fois que nous voyageons ainsi, c'est même une habitude : nous nous sommes rencontrés sur la route, la route fut notre lune de miel (un périple de six semaines en Chine du Sud), et nous n'imaginons pas de vacances autrement. Mais c'est la première fois que la distance totale est si longue, et qu'elle offre tant de possibilités. C'est donc devant un planisphère que nous préparons un voyage qui ne se planifie pas et doit laisser une part immense à l'imprévu, mais nécessite cependant quelques repères.

Nous nous engageons dans un retour au pluriel. Retour aux sources de mes premiers voyages de jeune européen, dans les mois qui suivirent la chute du bloc de l'Est et l'ouverture de pays alors mystérieux, et devenus depuis des destinations comme les autres. Retour sur les routes défoncées de l'Asie du Sud-Est, où l'asphalte est un luxe, mais où le plaisir des yeux est constant. Retour à la maison enfin, dans cette Asie qui nous est familière.

Ce voyage aurait pu être accompli par voie terrestre de bout en bout. Il aurait d'ailleurs dû l'être, c'était l'objectif initial. À l'heure où les compagnies aériennes proposent des billets « tour du monde », nous préférons un tour dans le monde. C'est notre philosophie du voyage, et c'est celle que nous avons décidé d'appliquer sur ce périple. Mais c'était sans compter sur l'étrange système d'obtention de visas du plus grand pays de la planète, véritable passerelle géographique entre l'Europe et l'Asie : la Russie. Vingt ans après la chute de l'Union soviétique, il est toujours impossible d'obtenir un visa pour visiter ce pays en dehors de son pays d'origine. Les douanes russes ont décidément bien des progrès à faire. Même la Chine ne se permet pas de telles aberrations. Mon épouse est néo-zélandaise, et dispose par ailleurs d'un passeport de Taiwan (qui n'est pas reconnu par l'ONU et n'entretient pas de relations diplomatiques avec Moscou). En d'autres termes, il lui fallait se rendre en Nouvelle-Zélande (à plus de vingt mille kilomètres) pour se procurer son précieux document auprès de l'ambassade russe à Wellington, avant de pouvoir entamer son périple. *No comment*, si ce n'est que le Belarus pratique le même système (le contraire serait étonnant) et que l'Ukraine s'aligne sur ce curieux procédé. Par défaut, ce sera donc sans ces pays, et par voie de conséquence parce que les itinéraires plus au sud traversent des zones de turbulences et sont moins sûrs à l'heure actuelle, qu'il nous faudra prendre l'avion à un moment ou à un autre. Je vois déjà le visage de mon cher douanier américain s'illuminer de bonheur : un professeur peut aussi prendre l'avion. Les compagnies aériennes ont encore de beaux jours devant elles, merci les Russes ! Pour nous, la traversée de cet immense pays n'est que partie remise.

Prendre l'avion n'était pas dans nos plans initiaux, qui devaient nous faire partir de la Lituanie, aux marches de l'ancien empire soviétique, pour traverser toute l'Asie jusqu'à Taiwan. Il nous fallut donc imaginer un plan B qui ne trahisse pas notre souhait de faire un périple le moins aérien possible, qui ne soit pas trop coûteux, et qui nous permette de découvrir de nouveaux horizons. C'est alors que cette idée d'explorer plus en détail cette Europe centrale et orientale que certains Américains ont qualifiée à tort de nouvelle, puis de basculer vers l'Asie (est-elle nouvelle

elle aussi ?) nous sembla la plus appropriée. Restait à trouver une passerelle, et c'est un vol Berlin-Bangkok qui, sans grande surprise, offrit les meilleurs avantages en termes de coûts (vive les compagnies *low cost*). La Russie et ses pratiques du XXe siècle avaient fait leur œuvre, le périple se déroulerait en deux temps, avec une exploration de l'Europe centrale et orientale sur les traces des changements profonds qu'a connus ce continent au XXe siècle, avant de plonger dans cette Asie en mutation, pleine d'espoir et aux belles promesses d'avenir. Tout un programme.

Voyager, c'est aussi apprendre à s'adapter aux aléas, et savoir les tourner à son avantage. Voilà une devise que nous avons eue à cœur de mettre en pratique tout au long de notre périple, et s'accommoder de quelques changements avant même de prendre la route n'était finalement qu'une simple mise en bouche.

Comment cependant donner un sens à un périple coupé en deux, amputé de son volet Asie centrale ? La réponse s'imposa finalement d'elle-même. L'Europe et l'Asie orientale sont deux extrémités d'un même monde, deux sortes de péninsules que l'histoire a fait diverger dans des directions totalement opposées et n'a réunies qu'en de rares occasions. Deux civilisations qui se sont observées de loin, le plus souvent avec une profonde indifférence, parfois avec un mépris à peine masqué, et qui se sont développées en suivant leur propre voie, avec l'espoir de réunir tous les éléments permettant de revendiquer le statut prestigieux et tant convoité de centre du monde. Des trajectoires parallèles, qui ne se croisèrent que rarement, connurent des heures de gloire et des moments de doute, et développèrent leur propre vision de la modernité et de la civilisation.

En regard de cet extrême Occident qu'est l'Amérique du Nord, où la décision de ce voyage fut prise, l'Europe est le continent des souvenirs, un lieu chargé de mémoire où le passé se conjugue au présent. En contraste, l'Asie est le continent de l'avenir, où le futur s'écrit parfois au détriment des traditions, mais en tenant compte de particularités qui lui sont propres. Europe et Asie, ces deux cultures plurimillénaires, sont ainsi étrangement engagées dans des processus inverses, et c'est sans doute ce qui explique leur complémentarité.

Reste que l'Orient est une création de l'Occident. Une définition fondée sur une opposition philosophique entre deux mondes, l'un que nous pourrions qualifier par souci de simplification (ou de simplisme) de civilisé, l'autre de barbare. Inutile de préciser lequel était, selon les observateurs occidentaux, le plus éclairé, tandis qu'ils se penchaient sur les empires despotiques d'un Orient qu'ils imaginaient en retard sur les civilisations stato-centrées et bénéficiant de structures constitutionnelles. Le XIXe siècle fut le moment le plus marquant de ces perceptions, souvent exagérées, qui déterminèrent la vision de l'Orient et placèrent l'Occident au centre d'une modernité que la révolution industrielle ne fit qu'amplifier. Pourtant, à la même époque, Hegel reconnaissait que l'histoire avait opéré un déplacement de l'Est vers l'Ouest, sans doute pour en conclure que la fin de l'histoire se situait dans l'Occident et ses visions modernes plus que dans un Orient rétrograde, mais confessant dans le même temps le rôle fondamental des civilisations de l'Est dans l'histoire de l'humanité.

Combien de fois j'ai envié ces voyageurs du XIXe siècle qui découvrirent des cultures encore totalement inconnues, et dont je me délecte des récits ! Mais il faut savoir vivre avec son époque, et le XXIe siècle, celui d'une mondialisation aux contours encore mal définis, est fascinant lui aussi. Les impressions de ce voyage ne font que le confirmer.

Première partie

Souvenirs d'Europe

Carte 1 - Europe

Kaunas
(Lituanie)

La Lituanie, pays que je n'avais jamais visité jusqu'à combler cette lacune presque par hasard, me laisse une étrange impression. Vingt ans après la chute du communisme et une indépendance si longtemps espérée et si ardemment défendue, j'y retrouve des sensations qui me rappellent curieusement mes premiers voyages en Europe centrale, au début des années 1990. La séduisante et calme Kaunas, deuxième ville de ce petit pays, me plonge ainsi dans les atmosphères que j'ai jadis connues dans des villes moyennes de Pologne, de la République tchèque ou même de Hongrie.

En ballade dans les allées quasi désertes de Kaunas, je me revois dans les rues de Wroklaw, Brno, Lodz ou Pecs, à savourer les derniers vestiges d'un monde que les autochtones étaient pressés d'oublier, mais qui reste encore, çà et là, présent. La couche de modernité que les deux dernières décennies se sont acharnées à poser sur la ville n'y change rien. Pas encore en tout cas.

◀ Le charme désuet des rues désertes de Kaunas rappelle celui des capitales d'Europe centrale au début des années 1990.

Des rues tranquilles où cohabitent des jeunes filles habillées à la dernière mode et des grands-mères tout droit sorties des sovkhozes ou de quelconques usines où on ne fabriquait hier encore pas grand-chose; des gares ferroviaires flambant neuves, fraîchement construites avec les subsides de l'Union européenne dont le drapeau étoilé flotte partout avec fierté, et qui restent pourtant désespérément vides, presque mortes; des boutiques propres et déjà occidentalisées, mais dans lesquelles les stocks semblent encore bien limités en comparaison avec les maisons mères situées quelques pays plus à l'ouest...

Je découvre ici tous les charmes désuets, et aussi l'espoir d'un monde meilleur − que tous les jeunes semblent porter en eux et manifester par des sourires aimables −, de ce que nous avons si longtemps appelé les «pays de l'Est», et qui étaient encore il y a moins d'une génération si près de nous, enfants de l'Europe occidentale. Comme si cet Est s'était lentement déplacé, toujours un peu plus loin, emportant avec lui ce qui avait irrésistiblement attiré, en ces temps de rêves utopiques d'un monde nouveau et meilleur, ces voyageurs enthousiastes et avides de découvrir cette «autre» Europe. Une génération à laquelle j'ai appartenu quand, sac sur le dos et presque rien dans les poches, j'explorais des contrées alors inconnues et mystérieuses, presque magiques, et dans lesquelles il est aujourd'hui, vingt ans après, difficile de ne pas trouver un quelconque touriste quidam qui n'ait mis les pieds : Prague, Cracovie, Budapest, et tant d'autres.

Nous avions dix-sept ans, des rêves plein la tête, les idées tournées vers l'Est depuis que ces peuples avaient manifesté un désir formidable de s'ouvrir au monde et de briser la loi du silence pour se construire un avenir à la hauteur de leurs espérances. L'acte manqué de Tian Anmen, le Printemps des peuples et cette nuit magique de novembre 1989 venaient de nous rappeler que tout est possible, surtout ce qui semble impossible. Nous avions dix-sept ans, le goût de l'aventure, et le désir de fouler des territoires que nos parents nous avaient pourtant appris à craindre. Nous avions dix-sept ans, et la révolte, sœur jumelle de la jeunesse, nous poussait à entrer dans une Yougoslavie déchirée, histoire de vérifier si la télévision ne nous mentait pas et si l'Europe connaissait vraiment une nouvelle fois la guerre. Nous avions dix-sept, insouciants et optimistes, couchant dans les rues de toutes les capitales d'Europe, parce que toutes nos économies passaient dans les billets de train. Nous arpentions les villes jusqu'à l'épuisement, cherchant désespérément – mais il est des désespoirs savoureux – quelques signes qui nous rappelleraient notre bon vieil Occident dans les rues de Prague : un Coca cola ou un McDonald's. Le savent-ils, ces touristes armés de guides épais, à quoi ressemblait la capitale de la Tchécoslovaquie il y a seulement vingt ans ? Peuvent-ils imaginer un seul instant que, dans les rues de Varsovie, on ne comptait plus les vieilles femmes à la mine sévère qui revendaient à la sauvette des sacs plastiques usagés, portant des marques occidentales comme on arbore des noms glorieux ? Le tourisme a tant apporté à ces pays, et à une vitesse si incroyable, qu'on en oublie parfois à quel point ils ont été transformés, à jamais.

Mais la Lituanie n'en est pas encore à l'heure du tourisme de masse et d'une mondialisation qui apporte beaucoup, mais prend tant de choses à la fois. Les façades décrépies et taguées d'immeubles magnifiques du XVIIIe siècle que les investisseurs n'ont pas encore repérés ou qui tout simplement ne sont pas encore considérés comme suffisamment rentables, les immenses constructions de style stalinien laissées a l'abandon, et à côté de cela cette irrésistible envie qu'a la population de se greffer à un Occident dont elle apprend jour après jour les merveilles et les déconvenues... La route est encore longue.

Tout ici, dans ces rues de Kaunas, me ramène à une époque où la Tchécoslovaquie était encore un pays, et où même l'Allemagne de l'Est semblait appartenir à un autre monde. C'était d'ailleurs le cas. Le temps s'est déplacé un peu plus vers l'Est, laissant derrière lui des mondes de plus en plus uniformes, au bénéfice du

La Lituanie a retrouvé son indépendance et sa fierté,
elle doit désormais affronter l'avenir avec courage et détermination.
Dans les ruelles de Kaunas.

plus grand nombre sans aucun doute, mais au grand
dam d'une poignée de rêveurs un tantinet égoïstes qui
se souviennent de leurs aventures épiques dans cette
Europe alors si différente.

Premier voyage en Lituanie, et pourtant j'ai l'impression étrange et si agréable à la fois d'une redécouverte.

Vilnius
(Lituanie)

Il paraît que la Lituanie se situe au centre de l'Europe. Cette information est rabâchée à qui mieux mieux ici, dans les brochures touristiques, sur des panneaux dans plusieurs langues, et même sur des souvenirs de plus ou moins bon goût. Et comme le hasard fait parfois bien les choses, ce centre est situé à proximité de la capitale lituanienne, Vilnius. Il s'agit d'un centre géographique, bien entendu, parce que pour le reste, cette agglomération de 500 000 habitants, malgré ses beaux atouts et un centre-ville à faire s'émerveiller les plus difficiles, n'est pas une de ces villes phares de l'Europe. Comme quoi, être au centre ne signifie pas forcement être l'objet de toutes les attentions. Cette situation me rappelle les centres-villes de deux agglomérations gigantesques, Berlin et Tokyo – par ailleurs la plus peuplée du monde –, qui sont curieusement occupés par des parcs. Le sauvage Tiergarten et le palais impérial avec son parc somptueux et fermé au public qui l'entoure sont le centre de ces capitales. C'est le cas aussi de Central Park, au cœur de Manhattan, dont le nom lui-même dispense de toute explication.

Mieux vaut être proche du centre, mais sans y être tout à fait non plus, pourraient clamer les habitants de Vilnius désireux de voir leur ville sortir de sa discrétion presque provinciale pour rayonner et rivaliser avec les plus grandes. À moins que le destin de cette ville, et de ce pays, ne se résume au triste sort des centres géographiques qui, à la manière de l'Asie centrale ou du Midwest, restent silencieux, loin des lumières de la mondialisation, et sans que leur existence en soit par ailleurs moins intéressante.

Vilnius est, paraît-il, la ville au centre de l'Europe. Pourtant, elle est toujours à la recherche de ses directions. Plan de la ville sur une poterie.

Je m'interroge sur cette Europe dont le centre se situerait à Vilnius et donc, avec tout le respect que nous devons aux Lituaniens, en ex-URSS! Je me souviens qu'à l'école primaire, on m'apprenait que le centre de la communauté européenne de l'époque – qui semble si loin désormais – était en France, dans un bled que les hasards d'un voyage d'enfance m'ont fait traverser, mais dont je n'ai jamais retenu le nom. Quant au berceau de la civilisation européenne, aucun instituteur ou historien, même ouvert d'esprit et un brin rebelle, n'aurait eu l'audace de le situer en URSS, au risque d'être immédiatement suspecté d'être un agent du Komintern. Alors de là à reconnaître que le centre de l'Europe était à Vilnius, dans une de ces villes soviétiques… Les mentalités ont bien changé sur le vieux continent.

Il y a cependant une logique certaine à tout cela. Comme l'Europe s'est élargie et l'Est s'est déplacé, il est normal que le centre ait suivi la même route. Mais ce mouvement est-il désormais figé, avec Vilnius à jamais au centre de l'Europe? Ou va-t-il continuer à dériver lentement, glissant vers Minsk, Moscou, et peut-être même plus loin encore? Le monde est en train de basculer de façon inexorable vers l'Orient. C'est dans l'air du temps, et d'après ce que l'on lit et entend un peu partout, dans la logique des choses. Il est donc normal que le centre suive ce mouvement. Et cela se traduit par une perpétuelle extension de l'Occident. Ici la géographie et la politique se complètent à merveille pour expliquer à peu près la même chose. La géopolitique a décidément encore de beaux jours devant elle! Voilà certainement un détail que je ne manquerai pas à l'avenir de mentionner à mes étudiants, à condition bien sûr qu'entre temps le centre n'ait pas à nouveau choisi de se trouver une nouvelle cible.

Reste que Vilnius est une ville magnifique, et que l'inscription de sa vieille ville sur la liste du patrimoine

Les magnifiques ruelles du centre ville témoignent du riche passé de Vilnius. Les tags des inquiétudes d'une jeunesse encore peu rassurée sur son avenir se trouvent sur ses murs.

mondial de l'UNESCO n'est certainement pas usurpée. Et comme toute capitale qui se respecte, la ville compte une quantité impressionnante d'ambassades qui occupent de magnifiques bâtiments du centre-ville, soit au centre du centre de l'Europe, continent qui fut pendant longtemps au centre du monde! Être ambassadeur en Lituanie devrait, si on se réfère à ces détails géographiques, être un honneur suprême.

Mais que fait-on dans ces palais feutrés du centre du monde sur les façades desquels flottent fièrement les drapeaux des pays de l'Union européenne? Pas grand-chose. En dehors de quelques expositions, de la projection d'un film d'auteur qui n'a pas marché dans son pays d'origine et de garden-parties commanditées par des marchands d'alcool qui n'ont pas le droit de faire de la publicité dans leur pays, il ne se passe rien du tout dans ces ambassades. Parce qu'elles ont été rendues inutiles par les mérites d'une union qui ne s'embarrasse plus de leur faste aussi démodé que pompeux. Parce que, depuis longtemps, et bien avant que des pays comme la Lituanie retrouvent l'indépendance et un semblant de fierté, les ambassadeurs sont les derniers informés et ne représentent plus leur pays d'origine, mais une certaine idée de celui-ci, dont on se passerait bien. Et parce que ces temples païens au folklore d'un autre âge sont trop proches du centre, ils ne voient pas que le monde est en perpétuel mouvement et qu'il a quitté ces lieux il y a bien longtemps. Eux aussi devraient, sans doute, amorcer un déplacement vers l'Est, histoire de confirmer cette intuition désormais érigée en adage que le basculement du monde est consommé, et qu'il faut savoir l'accepter.

À moins qu'ils ne soient totalement hors du temps, figé dans des certitudes issues d'un autre âge – on se demande bien lequel – et incapables de s'adapter aux nouvelles réalités de la géopolitique.

Au centre de Vilnius, nous cherchons un petit repère sur le sol. Il paraît qu'ici, une dalle se distingue des autres, et la tradition veut que ceux qui l'identifient tournent autour avant de faire un vœu. Le vœu est devenu au fil du temps une sorte de langage universel, que même les régimes communistes ne sont pas parvenus à éliminer. Qui sait combien de jeunes Lituaniens se sont épuisés à tourner autour de la petite dalle, dans l'espoir que leurs vœux d'un monde meilleur soient exhaussés ? À moins qu'il ne s'agisse d'une tradition ancienne remise au goût du jour une fois que la Lituanie a signifié à nouveau quelque chose. Nous n'en savons rien. Mais nous trouvons malgré tout la fameuse dalle, et à l'abri des regards – il paraît que les vœux ont plus de chance d'être exhaussés s'ils sont formulés dans la discrétion, encore une tradition sans doute – nous rêvons un moment à notre tour.

Siauliai
(Lituanie)

La Colline des Croix, voilà un endroit que je souhaitais voir de mes propres yeux depuis la diffusion d'un documentaire au milieu de la nuit, et au milieu des années 1990, peu de temps après la visite de Jean-Paul II dans ce site, parmi les plus étonnants de toute l'Europe. L'endroit m'avait fasciné au point de le mettre sur ma liste des «*must see*», en compagnie d'Angkor Vat, de Pompéi, du Taj Mahal ou de Borobudur, tous visités depuis. Restait la Colline des Croix – et d'autres, tant d'autres, où il faudra bien que je me rende un jour ou l'autre – pour tenter de réduire cette liste, qui au passage n'a cessé de s'agrandir depuis. Plus on explore des lieux merveilleux, plus l'envie d'en découvrir d'autres se fait pressante, et plus le besoin de retrouver les sensations de la première fois grandit. Sans doute est-ce la raison pour laquelle certains estiment que le voyage est une drogue.

Arrivée à Siauliai, quatrième ville de Lituanie, «ville du soleil» de son surnom, décidément bien

◂ La Colline des Croix est un des lieux les plus insolites d'Europe, mais un des plus touchants aussi.

mérité avec le cagnard qui nous accueille. Mais quelle petite ville, et quel sentiment de solitude! Entre les quartiers d'habitations tout droit sortis de l'ère soviétique et les commerces flambant neufs, difficile de croiser âme qui vive.

Sans doute les habitants sont-ils massés aux pieds de la colline des croix, là où l'ancien pape célébra une de ces messes spectaculaires dont il avait le secret, devant plus de 100 000 personnes. Il avait aussi, à cette occasion, planté une croix gigantesque, rendant ainsi hommage à la foi du peuple de Lituanie, et souhaitant que le monde entier en soit informé. Planter une croix, voilà une activité peu originale sur cette colline où, déjà au Moyen-âge, des pèlerins venaient faire acte de foi en accomplissant le même rituel. Mais c'est surtout dans les années de résistance, au XIXe siècle et plus encore sous l'occupation soviétique, que les Lituaniens se pressèrent sur la colline des croix pour y planter des crucifix de toutes tailles, le plus souvent en bois. Certains savaient faire preuve d'originalité, assemblant des morceaux de fer, ou même quelques pierres collées les unes aux autres à la hâte. Il faut dire que l'exercice était bien évidemment interdit, et que les autorités ne rataient pas une occasion de détruire ces actes de foi aussi nobles que désespérés. La colline était ainsi régulièrement nettoyée de toute forme de ferveur religieuse. Mais qu'à cela ne tienne, les croix poussaient à nouveau, le plus souvent pendant la nuit, comme un défi à un régime qui n'a jamais su comprendre qu'il lui était impossible de contrôler les esprits, et plus encore la foi. À la manière de ce que leurs voisins polonais firent pendant des décennies, les Lituaniens organisèrent la résistance dans le renforcement d'une dévotion religieuse contre laquelle les chars et les agents du KGB se montrèrent impuissants. Il fallut cependant bien entendu attendre 1991 pour que la colline devienne un lieu officiellement reconnu par les nouvelles autorités du pays, et qu'elle puisse se faire connaître du monde entier.

Depuis, ils sont venus par milliers planter leur croix et contempler ce spectacle inimaginable : au milieu des champs, avec pour seuls témoins quelques vaches et des fermiers occupés à labourer la terre, ce sont près de 200 000 croix de toutes tailles qui sont amassées sur la petite colline, désormais totalement recouverte, et qui débordent peu à peu sur la campagne environnante. Les témoignages viennent de partout, certains porteurs de messages d'espoir, d'autres rendant hommage à des disparus, morts au combat dans des guerres lointaines que la Lituanie a découvertes avec la modernité et les systèmes d'alliances. Quelques-uns sont d'ailleurs en train de planter des croix, exercice devenu aussi encouragé que banal. Un étroit chemin a été préservé, serpentant dans la colline, au milieu de toutes ces croix, séchant aujourd'hui sous le soleil brûlant, mais connaissant chaque jour, avec les aléas de la météo, des destins bien différents. Pas besoin de se sentir particulièrement concerné par la religion pour ressentir dans cet endroit quelque chose de spécial. Comme une immense ferveur qu'on ne ressent que dans les lieux sacrés, quelle que soit la religion à laquelle s'attache notre foi.

La Colline des Croix est un endroit unique, qui se passe de mots pour faire comprendre quelle fut la force de ce peuple pour résister à l'envahisseur et préserver son identité dans les heures les plus sombres de son histoire. Elle est un de ces lieux où se construit une histoire nationale, à force d'espoir et d'obstination, dans l'ombre des puissants et avec le goût permanent du risque.

Finalement, Siauliai a bien de la chance de n'être située qu'à une dizaine de kilomètres de cet endroit, encore difficilement accessible et où la foule ne se presse que lors des occasions spéciales. Mais alors, s'ils ne sont pas sur la colline, où se cachent donc les habitants de cette petite ville ?

Peut-être sont-ils restés chez eux, loin des regards indiscrets, à tailler dans le bois des croix qu'ils iront planter une fois la nuit tombée, perpétuant ainsi l'héritage des ancêtres, et rendant un hommage mérité à ceux qui leur ont permis, bravant les risques les plus fous, de manifester leur fierté d'être lituaniens.

Riga
(Lettonie)

La plus grande ville des États baltes, capitale de la Lettonie, est-elle la plus russe des villes de l'Union européenne ou la plus européenne des villes de l'ancien espace soviétique? Difficile de répondre à cette question au premier abord, tant les influences se mêlent dans les rues de la vieille ville, dans les allées du marché central – véritable fierté du bloc communiste et plus grand marché d'Europe (de ce qu'on en dit ici) –, ou dans les multiples bars et pubs qui ont envahi le centre.

L'explication de cette dualité réside peut-être dans le fait que près de la moitié de la population de Lettonie est d'origine russe, composant ainsi plus qu'une minorité. Ou alors c'est parce que Riga, située en plein cœur des États baltes, était le lieu idéal pour centraliser et asseoir la domination soviétique dans la région. Toujours est-il que dans les rues de la capitale lettone résonnent les accents d'une Russie décomplexée, parfois un peu trop même, qui sème le doute dans l'identité d'une nation qui semble moins affirmée que sa voisine lituanienne. Il y a certes cet immense hommage à l'indépendance, sous la forme d'une statue

gigantesque, mais toutes les références au passé de ce pays se confondent plus facilement avec celles de son immense voisin. Le musée de la guerre, qui est en fait un musée de l'histoire de la Lettonie, accorde ainsi une place considérable à l'Armée rouge et à la vie à Riga au temps de l'URSS. Comme une sorte d'hommage, même si personne n'ose employer un tel vocabulaire de peur d'être taxé de réactionnaire.

À Riga, l'exubérance semble être devenue la règle depuis l'indépendance. On ne compte plus les terrasses de cafés qui ne désemplissent pas, et sur lesquelles des touristes venus de multiples horizons se pressent. La nuit, les messieurs se muent en de redoutables prédateurs (du moins, le pensent-ils), en quête des plaisirs que la ville leur offre sans concession. Mais d'où vient cet étonnant manège ? Comparée à la très sage Vilnius, où les innombrables églises donnent l'impression d'une surveillance morale constante, Riga donnerait presque l'impression d'être une ville de débauche, où alcool et sexe sont les principales attractions touristiques pour cette horde de jeunes Européens qui n'ont pas encore les moyens de se payer un billet d'avion pour la Thaïlande et trouvent dans Riga une compensation à hauteur de leurs espérances. Les *hostels* sont les

◀ Riga est, dans son architecture, la capitale la plus soviétique des États Baltes.

meilleurs endroits pour voir ces séducteurs en short et à la bedaine naissante malgré leur jeune âge se pomponner avant d'aller à la chasse. Mais, détail étonnant, la grande majorité revient bredouille, si ce n'est d'une terrible nausée causée par les trop nombreux litres de bière engloutis, d'un mal de tête assuré pour le lendemain, et sans doute l'envie de remettre ça, histoire de prouver aux copains qu'ils ne sont pas si nuls et qu'ils sont capables d'enchaîner les beuveries.

Dans les bars, il est amusant de constater que pratiquement tous les hommes sont des étrangers, tandis que les jeunes filles, d'origine russe ou non, sont de Riga. Leur tenue vestimentaire masque difficilement leur intention de séduire, et leur allure provocante ne laisse généralement pas leurs admirateurs d'un soir déçus. Les règles sont très simples : les filles sympathisent facilement avec ces touristes d'un Occident si proche et si loin à la fois, mais à la condition que ces messieurs se montrent généreux, en payant les tournées de bières l'une après l'autre. Toute la relation de séduction s'articule autour de ce principe sans lequel le jeu se termine rapidement. Mais à un euro la pinte de bière, on peut jouer longtemps... Problème cependant pour ces jeunes messieurs : il est fréquent que le jeu n'aille pas plus loin que ces simples enfantillages bien arrosés.

Les jeunes Lettones offrent volontiers de leur temps et quelques sourires enjôleurs, parfois quelques baisers volés, mais il ne faut pas en demander trop non plus. À moins qu'elles ne tombent sur la perle rare, que leur rapporte aujourd'hui un amant de l'Ouest, puisqu'elles en font un peu partie et qu'elles n'ont même plus besoin de traverser de frontière pour passer un week-end à Berlin ou à Paris ? Seul l'argent reste la limite. Ici, le salaire moyen est d'environ 250 lats par mois, soit environ 350 euros. À ce prix là, le moindre smicard allemand ou français passe pour un richissime héritier et peut jouer les seigneurs. Mais n'est pas seigneur qui veut, surtout dans les bars de Riga au bout de la nuit. Ceux qui croient que tout leur est dû rentrent donc dans leur *hostel* en titubant, s'imaginant dans leurs rêves une identité extraordinaire et irrésistible, surtout irrésistible. Demain, après un réveil tardif, ils chatteront sur Internet avec leur petite amie restée au bercail pour faire un stage d'été ou un petit boulot sous-payé, tentant de puiser dans les conversations sans intérêt de la nuit précédente un semblant de chose à raconter.

Et ils commenceront le plus souvent ainsi : à Riga, il y a une très forte minorité russe...

Parc national de Gauja
(Lettonie)

À seulement une cinquantaine de kilomètres de Riga, le parc national de Gauja est un beau concentré de la Lettonie profonde. La nature y est magnifique, et les petites villes renferment pour certaines de véritables trésors.

Dans les rues de Cesis, notre attention est portée vers de superbes maisons en bois à l'architecture singulière. Si nombre d'entre elles sont en état de quasi-abandon, d'autres sont au contraire fraîchement rénovées, avec le souci du détail. Les autorités encouragent visiblement cette activité, puisque tous les bâtiments publics sont eux-mêmes joliment remis à neuf, tandis que les tristes façades des bâtiments construits au temps de l'URSS sont priées de se faire discrètes ou tout simplement vouées à disparaître. Ça change de l'époque où les maisons traditionnelles étaient abandonnées au profit de bâtiments plus fonctionnels, qu'on retrouve encore en abondance à l'entrée de Cesis – comme de toutes les autres villes du coin – à l'abri des regards

◄ Gravés dans la roche, ces messages parfois vieux de plusieurs siècles sont les témoins du temps qui passe.

indiscrets, Dieu merci. Cette mise – ou remise – en valeur du patrimoine architectural est réussie, et fait de Cesis une destination aujourd'hui incontournable pour ceux qui souhaitent vraiment découvrir la Lettonie. Les autochtones se vantent même de ce que leur petite ville est « la plus lettone » de tout le pays. Il est vrai que tout ici semble traditionnel, jusqu'à la bière locale, la Cesus, qui est la plus ancienne de tout le pays et qui était autrefois brassée aux pieds du château de Cesis, avant de succomber à la modernité et d'être transférée en banlieue. Mais les anciens bâtiments de la brasserie sont restés intacts et hébergent désormais une galerie d'art. Comme quoi la bière peut être une source d'inspiration, à l'instar de la dive bouteille.

La petite vile de Sigulda, plus proche de Riga, a également de beaux atouts, mais elle souffre un peu du syndrome « Disneyland pour adultes ». Entre les différents sites – dans le désordre châteaux, ruines d'églises, grottes dans lesquelles les Lettons venaient inscrire des messages avant que cette pratique ne soit interdite (afin de protéger du saccage les messages les plus anciens, respect des traditions oblige) – sont désormais proposées de multiples activités. Luge d'été, *bungee jumping*, parcours du combattant ou encore saut en parachute figurent ainsi désormais au menu des « incontournables » de Sigulda, au point que cette ville a largement distancé Cesis quant au nombre de visiteurs,

Cesis et ses maisons de bois d'un autre âge témoignent
d'une Europe baltique au riche passé.

malgré un potentiel plus limité. Les vieilles maisons y
sont plus rares, le centre n'en est pas vraiment un tant
la ville semble éclatée, et si la promenade à Sigulda est
agréable, c'est essentiellement en raison de son site
magnifique, au cœur du parc national de Gauja. Une
forme d'injustice donc pour Cesis ? Pas nécessairement.
Parce qu'elle est restée plus tranquille, la petite ville a su
évoluer à son rythme, et c'est sans doute ce qui explique
que ses merveilles n'ont pas été sacrifiées sur l'autel d'un
tourisme fort rentable, mais qui peut si on n'y prend
garde tout balayer sur son passage.

Moralité : en Lettonie comme ailleurs, ce n'est
pas nécessairement là où se ruent les touristes que se
cachent les plus beaux trésors.

Tallinn
(Estonie)

Cette petite capitale aux proportions harmonieuses de l'Estonie est incontestablement l'une des villes les plus charmantes de toute l'Europe et, toutes proportions gardées (avec ses 400 000 habitants), l'une des capitales les plus magiques. La recette de ce miracle aussi inattendu qu'agréable vient sans doute du savant mélange des influences dont Tallinn a bénéficié – parfois contre son gré – depuis maintenant plusieurs siècles. Ancienne cité de la Hanse, dont elle ne peut d'ailleurs pas cacher l'héritage, la capitale estonienne a été tantôt influencée par le Danemark, la Finlande, la Russie, sans oublier bien sûr des racines qui lui sont propres. Ce *melting pot* se retrouve dans l'architecture de la vieille ville, mais aussi dans les habitudes de la population, et même jusque dans leur apparence physique.

Ce qui frappe le plus à Tallinn est l'étonnant dosage entre respect, et même maintien, des traditions et une soif d'innovation et de modernité pratiquement sans limites. Les Estoniens donnent ainsi l'impression, pour le moins contradictoire, d'être des conservateurs très réformistes. D'ardents défenseurs des traditions, mais

Tallinn est une ville où les contrastes s'affichent tout naturellement,
et avec harmonie.

qui se refusent à en être les victimes. Sans doute leurs
multiples influences expliquent-elles ce contraste.
Dans la vieille ville, le respect des coutumes médiévales (un Moyen-âge à l'estonienne, c'est-à-dire du
XVIe siècle, et même du début XVIIe) est de rigueur
jusque dans les moindres détails. On ne compte plus
ainsi le nombre de petites boutiques ou de restaurants
qui se sont mis aux couleurs de cette époque, proposant des mets d'un autre âge et imposant à l'ensemble
des employés de porter les tenues vestimentaires

médiévales. Le servage n'a pas encore été rétabli, mais on y est presque. Le musée de la torture et ses féroces gardiens cagoulés annoncent déjà la couleur... Tout cela est dans l'ensemble charmant, même si ça sent parfois un peu le surfait. Comme tant d'autres, les conservateurs estoniens ont ceci de touchant et de presque admirable qu'ils s'érigent comme les derniers remparts de traditions que d'autres seraient prêts à balayer sans aucun ménagement. En ce sens, ils sont ô combien nécessaires ! Mais comme les autres conservateurs, ceux de Tallinn donnent souvent l'impression d'en faire un peu trop, et de rester englués dans des certitudes qui les font plus apparaître comme les clowns d'un folklore amusant, mais désuet, que comme les défenseurs de traditions auxquelles il ne faudrait surtout pas toucher.

Les réformateurs de Tallinn – qui sont souvent les mêmes personnes que les conservateurs cités précédemment, charmante contradiction estonienne oblige – ont compris que les temps changent, et qu'il faut qu'en conséquence, tout change avec eux. Les anciens immeubles devenus un peu démodés sont ainsi chapeautés de structures contemporaines qui leur donnent une nouvelle jeunesse, mêlant ainsi l'ancien et le moderne avec harmonie. Le mobilier contemporain, d'inspiration scandinave, s'est également invité dans toutes les demeures, y compris celles qui semblent sorties tout droit du Moyen-âge. Les réformateurs sont par définition des gens actifs. Leur sens du changement les honore et apporte du sang neuf à une petite ville qui aurait pu facilement s'endormir, et qui fut d'ailleurs trop longtemps assoupie. Mais comme tous les réformateurs, ils sont parfois un peu trop avant-gardistes, au risque de menacer de tout faire disparaître sans proposer grand-chose pour le remplacer. Leur aveuglement est ainsi en certains cas

Peuple soucieux d'affirmer son identité, les Estoniens sont fiers de leur passé.

porteur des plus grandes extrémités, et conduit à des erreurs de discernement qu'un simple regard sur le passé aurait permis d'éviter. Finalement, c'est cette alliance d'excentricité scandinave et de conservatisme slave qui fait des Estoniens un peuple à part, étonnamment attachant et sympathique, et qui sait si bien nous plonger dans le passé tout en nous montrant la voie de la modernité.

Comme perdue au milieu des têtes blondes de type scandinave qui semblent presque s'imposer comme une évidence ici, nous croisons une religieuse au teint très mat, sans doute originaire de Madagascar, ce qu'elle a d'ailleurs tôt fait de nous confirmer. Elle vit à Tallinn depuis déjà cinq ans, et s'y sent bien. L'Estonie, nous dit-elle, est un pays à la fois respectueux de ses traditions, à la recherche de son identité, y compris religieuse, et résolument tourné vers l'avenir. Elle parle de ce petit pays avec enthousiasme, nous expliquant que le choix de cette destination fut pris de façon un peu arbitraire, à la suite d'une rencontre avec une autre religieuse, suédoise celle-ci, qui l'incita à faire ses valises et à venir voir du côté de la mer Baltique, dans un pays où la religion est en plein renouveau. Elle adore Tallinn, ses petites rues du centre-ville aux façades colorées pleines de vie, ses boutiques où les traditions semblent renaître, mais aussi l'activité trépidante qui la change de son enfance passée dans un petit village, si loin de cette Europe qu'elle ne découvrit que sur le tard. Les contrastes, c'est ce qu'elle affectionne le plus ici. À la voir, on ne peut que la comprendre.

Paldiski
(Estonie)

Voilà un nom étrange qui ne ressemble pas à de l'estonien (truffé de doubles lettres dans chaque mot, ou presque), et semble tout droit sorti d'un mauvais roman d'espionnage (ou d'un bon, même si cette catégorie est beaucoup plus rare). On imagine ainsi un personnage mystérieux, agent secret soviétique ou transfuge du KGB au passé trouble. C'est en tout cas du côté de la Russie qu'il faut chercher l'origine de ce nom, et si la fiction est intrigante, la réalité est bien monotone, mais n'en demeure pas moins étonnante.

Paldiski, c'est le nom d'un port situé à l'ouest de Tallinn, où les Soviétiques avaient installé une gigantesque base militaire d'où l'on pouvait voir la Finlande et la Suède (pas à l'œil nu en tout cas). La base était un parfait exemple du savoir-faire des Soviétiques développé pendant la Guerre froide : réparation de sous-marins nucléaires, installation de rampes de missiles, quelques missions d'espionnage... Bref la totale. On imagine ainsi la petite ville au temps de sa « splendeur », avec des centaines d'hommes et de femmes en uniformes défilant la mine grave dans des engins bizarres, et cachant tous d'étranges secrets. Des vrais personnages de roman, sans aucun doute.

Cependant, ces messieurs (ces mesdames aussi d'ailleurs) sont partis une fois que leur pays a explosé (ce qui ne les a toutefois pas empêchés de rentrer chez eux), retournant à des occupations sans doute moins exaltantes, mais certainement beaucoup plus utiles. La ville s'est pour ainsi dire vidée de sa substance avec leur départ, ne laissant derrière que ceux que les uniformes et les soldes dépensées dans les bars attirent, dans les forces du Pacte de Varsovie comme dans toutes les armées du monde. Vingt ans après la fin de l'URSS, voilà donc une ville entière qui n'a plus la moindre activité et ne peut pas non plus revenir à ce qu'elle était autrefois, puisqu'elle n'a jamais existé.

Paldiski ne peut même pas être considérée comme un retour en arrière, un voyage dans le temps, puisque l'époque que cette ville propose au visiteur n'existe pas, et n'a jamais vraiment existé. Les barres d'immeubles plus défraîchis les uns que les autres, où vivent encore des vieillards (le plus souvent d'anciens soldats qui ont choisi de rester) et, ô surprise, des familles plus jeunes (leurs enfants peut-être), sont alignées les unes derrière les autres, offrant un spectacle sinistre au point d'en être presque réjouissant. On pourrait imaginer que les gens qui vivent ici sont des êtres à part, qui n'ont aucune communication avec le reste du monde

Paldiski fut sans doute,
dans une autre vie, une ville
soviétique modèle.

Interdictions, barbelés... Paldiski
n'a désormais rien à cacher, mais les
mauvaises habitudes sont tenaces.

et continuent à vivre à l'abri derrière un rideau de fer
pourtant depuis longtemps rouillé jusqu'au dernier pli.

La base est désaffectée, et les immenses station-
nements dont on se demande ce qui pouvait bien s'y

entasser restent désespérément vides. Et pourtant, ils sont encore gardés. Les bars dans lesquels les soldats cuvaient leur vodka par hectolitres, attendant une guerre qui ne viendra jamais en trinquant à l'espoir de quitter cet endroit lugubre pour rentrer chez eux, sont vides et restent pourtant ouverts. Tout ici donne l'impression que rien n'a changé. Comme si les soldats n'étaient absents que le temps d'une permission. Comme si l'Armée rouge devait revenir.

J'ignore d'où vient le nom de Paldiski, mais je ne serais pas étonné d'apprendre que dans une langue ou une autre, ce mot signifie tout simplement gâchis.

Nous n'avons cependant pas fait tout ce chemin, et suivi à la lettre les recommandations du *Lonely Planet*, visiblement mal inspiré sur ce coup, pour faire demi-tour. Et comme un homme d'un certain âge, qui a forcément connu la présence de l'Armée rouge – peut-être même en faisait-il partie après tout – nous indique une direction pour voir ce qu'il reste des installations portuaires et du point d'observation de l'armée dont on disait qu'elle pouvait déferler sur l'Europe occidentale en seulement quelques jours, nous nous lançons à la recherche d'un site justifiant de faire de Paldiski une destination touristique. Pas que nous demandions la lune, juste un vestige de base militaire, quelques chars rouillant dans un parc, ou même – pourquoi ne pas l'espérer – des restes de statues de Lénine... Après tout, il a bien dû y en avoir à une époque, et il n'y a pas si longtemps.

La route qui mène aux sites décrits par le vieux est d'une monotonie déconcertante. Sur les côtés, des champs de colza succèdent à des terrains si vagues qu'ils en seraient presque suspects. Une maison en ruine, sur laquelle est peint « *welcome to hell* ». Tout un programme ! Et une route qui n'en finit pas, totalement déserte, sous un soleil de plomb. Je suppose que l'exercice des soldats conduits par des supérieurs un peu sadiques devait consister à aller de la ville à la base au pas de course en suivant cette route épouvantable, avec un chargement adéquat. Nous poussons toujours plus loin, dans une direction que le soleil de midi ne nous permet pas vraiment de déterminer, et sans avoir la moindre idée de ce que nous allons trouver au bout, ni même si nous aurons la force de revenir sur nos pas. Paldiski a vraiment ce quelque chose de bout du monde qui, après tout, justifie peut-être son inscription dans les guides touristiques.

Après une marche qui semble interminable, nous entendons un véhicule venir dans notre dos. La voiture s'arrête à notre hauteur, et deux touristes finlandais sortent la tête de leur fenêtre pour nous demander si nous savons où se trouvent les vestiges de la base soviétique. Ils nous invitent à monter à bord, et nous parcourons les derniers kilomètres en leur compagnie, assurés au passage du trajet du retour.

Nous arrivons finalement au bord de la mer. À part une vue magnifique, il n'y a pas grand-chose, si ce n'est une malheureuse baraque abandonnée et dans laquelle nous supposons, sans en être cependant totalement certains, que se trouvait un point d'observation. En face, de l'autre côté de la mer, ce sont les côtes de Finlande vers le nord, de Suède vers l'ouest. À Paldiski, aujourd'hui comme hier, on regarde avec autant de crainte que d'envie vers un autre monde, sans jamais le moindre espoir d'en faire partie.

Retour à Vilnius

Difficile quand on ne la connaît pas d'imaginer à quel point la Lituanie a profondément souffert des marasmes du XXe siècle. Dans une Europe déchirée par deux guerres mondiales et des idéologies prenant systématiquement les populations civiles pour victimes, les États baltes connurent un destin particulièrement tragique. Mais sur ce point comme sur tant d'autres, les amalgames entre les trois pays sont inappropriés, et toutes proportions gardées, le sort de la Lituanie fut certainement le plus catastrophique.

Après avoir goûté pendant vingt petites années aux joies de l'indépendance, ce petit pays fut le triste jouet d'un marchandage sordide entre nazis et Soviétiques en 1939 et tomba sous la domination de Moscou. Pour voir un an plus tard entrer sur son territoire les panzers et se retrouver en première ligne de l'opération Barberousse, l'invasion la plus ambitieuse, mais aussi la plus meurtrière d'Hitler. Les années d'occupation allemande, qui prit fin en 1944, furent particulièrement sombres, les populations juives étant évidemment les principales victimes. Au total, sur les 240 000 juifs environ que comptait la Lituanie avant la guerre, plus de 200 000 furent exterminés, les autres ayant miraculeusement survécu, ou étant tout simplement portés disparus. Vilnius était, avant l'apocalypse, un des centres de la culture juive en Europe centrale et orientale, à l'instar de certaines villes de Pologne et d'Ukraine. C'est ici que la grande majorité de la population juive du pays était regroupée, et c'est dans les forêts avoisinantes qu'elle fut pour une grande partie exécutée, le reste finissant dans les camps de la mort du IIIe Reich.

Paradoxalement, et contrairement à d'autres villes de la région, le ghetto juif de Vilnius n'a pas été trop sévèrement endommagé (mis à part les synagogues), et il reste donc encore de nombreuses traces de cette période, nottamment des enseignes en hébreu peintes sur les façades, aujourd'hui vieillies par le temps, mais pas entièrement disparues. Elles restent encore parfois même lisibles, comme des messages fantômes un peu flous, mais qu'on ne peut cependant ignorer.

Les malheurs de la Lituanie ne prirent pas fin avec l'armistice de 1945 et la chute du IIIe Reich. Loin de là. « Libéré » par les chars soviétiques, le petit pays fut immédiatement annexé, et sa population suspectée d'avoir subi pendant ces années d'occupation une trop forte influence du national-socialisme. Résultat, des dizaines de milliers de personnes furent déportées en Sibérie, dans des goulags aux conditions de vie épouvantables, et dont il était hypothétique de revenir vivant.

Mais les Lituaniens forment un peuple fier, et il n'était pas question pour eux de se laisser ainsi abattre sans réagir. La résistance s'organisa dès 1944, et elle dura jusqu'en 1953. Près de dix ans de lutte armée loin des yeux de l'Occident, dans l'indifférence générale, aurait pu écrire Conrad. Et contre un ennemi beaucoup trop fort. Les dizaines de milliers de partisans lituaniens, surnommés « frères des bois » car ils vivaient essentiellement cachés dans les immenses forêts du pays, savaient que le combat était perdu d'avance. Mais ils comptaient sur une confrontation Est-Ouest que plusieurs considéraient à l'époque inévitable et sur un soutien des opposants à la progression du communisme. En d'autres termes, ils espéraient que la Guerre froide, alors à ses débuts, dégénère en un gigantesque conflit armé et préparaient déjà les conditions d'un retour à l'indépendance. Mais la confrontation n'eut jamais lieu, l'Occident resta sourd à leurs souffrances, et le mouvement essuya des pertes effroyables, les survivants étant condamnés à des peines de 25 ans d'exil dans les endroits les plus reculés de Sibérie, avec comme seul quotidien des travaux forcés épuisants et des conditions de vie inhumaines. Des dizaines de milliers de personnes furent emportées dans cette guerre de libération à l'issue tragique, et dont peu de livres d'histoire dans le reste du monde font aujourd'hui mention.

Dans l'ombre des rues de l'ancien ghetto, il est difficile d'imaginer les multiples drames qui se sont déroulés dans ces lieux sereins.

La suite est le destin commun à toutes les républiques passées sous le contrôle de Moscou. Mise sur écoute de toutes les personnes suspectées d'actions antisoviétiques, interrogatoires musclés du KGB, et emprisonnement, avec exécutions sommaires, de tous ceux qui étaient trop tentés par le nationalisme lituanien.

Il est un lieu à Vilnius qui réussit la triste prouesse de rassembler l'ensemble de ces horreurs et en relate les moindres détails pour les visiteurs aussi intrigués qu'époustouflés. Situé en plein centre-ville, le bâtiment est plutôt joli de l'extérieur. Mais qu'on ne s'y trompe pas : dans ces murs furent installés successivement le siège de la Gestapo pendant l'occupation allemande, puis celui du KGB pendant la longue période soviétique. L'endroit idéal pour installer un musée du génocide, qui rend hommage aux centaines de milliers de victimes du nazisme et du communisme confondus en Lituanie. Un véritable lieu d'histoire ouvert sur une époque trop mal connue. Pour les gens d'ici, la dernière guerre ne s'est pas terminée avec la chute du IIIe Reich en 1945, cette date marquant le début d'une résistance tout aussi douloureuse. Il fallut attendre 1991 pour enfin voir le bout du tunnel.

Nous sommes à Vilnius, à deux heures d'avion de Paris, dans cette Europe qui il y a encore si peu de temps vivait dans un autre âge.

Varsovie
(Pologne)

Chaque fois que je me promène dans les rues de Varsovie, trois sons totalement différents me reviennent systématiquement à l'esprit.

Le premier est, sans grande originalité, je dois l'admettre, le morceau *Warszawa* de David Bowie, sur son album *Low*, enregistré pendant sa trilogie «berlinoise» à la fin des années 1970. Ses mélodies électroniques fortement influencées par l'inimitable Brian Eno évoquent un lieu déshumanisé, une ville presque invivable, dans laquelle, pourtant, les hommes devaient apprendre à survivre. L'impressionnant Palais de la Culture, «cadeau» de l'Union soviétique érigé en 1955 dans une ville encore à l'état de ruines, et tous les quartiers situés au sud de cette ombre inquiétante; les larges avenues presque vides dans lesquelles je me souviens, lors de mes premières visites, avoir croisé de ces visages fermés et marqués par des années de privations; les barres d'immeubles fonctionnels et de style stalinien – mais peut-on vraiment parler de

◀ Les grands apprennent aux petits que si les armes doivent être maniées avec soin, elles furent en 1944 le seul espoir des insurgés face à l'armée allemande.

style ? – que certains auraient sans doute la «bonne» idée sous d'autres cieux d'inscrire au patrimoine mondial de l'UNESCO ; les tramways conduisant les habitants des banlieues vers un centre-ville qui ressemblait à la banlieue : c'est le Varsovie des files d'attente, du couvre-feu et d'une misère silencieuse. Un décor bien dépeint par Enki Bilal dans *Partie de chasse*, et qui correspondait parfaitement à ces histoires dans lesquelles l'hiver semble s'être installé de manière permanente.

Les sonorités glacées du morceau de Bowie, associées aux évènements, influencèrent quelques années plus tard U2 et l'inoubliable *New Year's Day*. Un hommage appuyé aux opposants du régime polonais qui, au début des années 1980, subirent la loi martiale et des restrictions qui, comme le répète la chanson, étaient si fortes que « rien ne change pour le Nouvel An ». *Solidarnosc* devint en l'espace de quelques semaines le mot polonais le plus connu dans le monde entier, symbole de l'espoir et de la lutte contre un régime s'autojustifiant au nom de la défense du peuple qui en était pourtant devenu le principal ennemi. Je me rappelle, enfant, des images de cette Pologne exsangue et dans le même temps porteuse de tant d'espoirs qu'il aura fallu une décennie pour les concrétiser. Difficile pour moi d'oublier le moment de communion avec le public quand, à Varsovie, le groupe irlandais interpréta cette chanson lors de son premier concert en Pologne, en 1997.

Le deuxième son qui me vient à l'esprit est, bien sûr, un morceau de Chopin. Polonaise, mazurka, peu importe. L'héritage du compositeur est partout dans les rues de la ville, surtout en cette année de bicentenaire de sa naissance, où les hommages qui lui sont rendus se multiplient. Les mélodies de Chopin évoquent une autre facette de Varsovie. Sa vieille ville, l'université, les larges avenues dans lesquelles se pressent aujourd'hui les touristes… Des lieux qui subirent, comme tout le reste, une destruction quasi totale après l'insurrection d'août 1944 – plus de 85 % de la ville fut détruite jusqu'à la dernière pierre par des nazis désireux d'éliminer définitivement la capitale de la Pologne –, mais qui furent rebâtis, histoire de gommer les horreurs du passé et de retrouver un souffle de vie.

Dans sa jeunesse, Chopin a connu ces endroits. Il a appartenu à un peuple qui a, un temps, retrouvé sa dignité et sa souveraineté, avant d'être une nouvelle fois avalé par ses voisins et une histoire qui l'a rarement épargné. Pas surprenant que Chopin soit si adulé en Pologne, puisqu'il symbolise une époque dorée, où tous les espoirs étaient permis. Une sorte d'âge d'or que tous ici rêvent de voir renaître.

Dans un registre totalement différent, le troisième son qui hante pour moi les rues de Varsovie, et dans la

Pologne tout entière, est un refrain religieux, dont je ne comprends rien aux paroles, mais que chantaient les pèlerins venus assister, par centaines de milliers, aux commémorations de la Sainte Vierge à Czestochowa, dans le sud du pays. C'était au milieu des années 1990. Czestochowa est le lieu le plus sacré de toute la Pologne en raison de son célèbre portrait de la Vierge noire et de la légende qui l'entoure. Cette chanson, que je n'oublierai jamais, était reprise en cœur par toute la population, et le seul mot que je pouvais identifier était *Polska*, soit Pologne dans la langue du pays. S'agissait-il d'un chant purement religieux, d'un refrain nationaliste, ou des deux à la fois ? Je ne le saurai sans doute jamais.

Mais dans un pays où la dévotion religieuse est si grande, où les références à Jean-Paul II et à tous ceux qui résistèrent au régime communiste dans les églises, et au nom de l'Église, sont si omniprésentes, la religion et l'histoire se confondent forcément un peu. Beaucoup de choses se confondent d'ailleurs en Pologne, et c'est sans doute ce qui rend ce pays si attachant.

◀ Jour de fête nationale à Varsovie.
  Chacun affiche son patriotisme à sa manière.

Cracovie
(Pologne)

Destination la plus touristique de Pologne, Cracovie est aussi à bien des égards la ville la plus caractéristique de ce pays aux multiples visages, mais à l'identité bien prononcée. Au cœur de cette «petite Pologne» aux paysages magnifiques, et qui n'a pas autant souffert des destructions que le nord du pays, l'ancienne capitale a de nombreux atouts qu'elle exploite avec talent. Les habitants de la cité incarnent pour leur part à merveille cette appellation, dont j'ignore l'origine, qui fait des Polonais les «Gaulois de l'Est»: colériques et pas toujours très aimables au premier abord, mais des gens avec un cœur d'or et un sentiment de fierté que les années sombres ne sont pas parvenues à altérer. On ne casse pas l'esprit de la Pologne aussi facilement, et tous les envahisseurs successifs, des Prussiens aux Russes, en passant par les Autrichiens, en firent l'expérience.

Cracovie, c'est un château, noblement assis au sommet d'une colline qui domine toute la ville. Un château où les heures les plus glorieuses de l'histoire de la Pologne furent écrites, mais aussi ses années les plus

◀ On ne compte plus les églises à Cracovie, certaines construites les unes à côté des autres. Et elles ne désemplissent jamais dans ce pays où la ferveur religieuse ne s'est jamais éteinte.

Le Wavel de Cracovie, longtemps interdit d'accès aux Polonais,
est une véritable icône, le trésor de la Pologne.

douloureuses. Les nazis en avaient fait l'un de leurs QG, humiliant les Cracoviens au plus profond de leur fierté nationale. Aujourd'hui, les bâtiments de ce superbe complexe architectural ont enfin été rénovés en totalité. Mais qu'on ne s'y trompe pas, le Wawel, comme on l'appelle ici, reste un lieu vivant, et ne saurait en rien être associé à une sorte de musée du Moyen-âge. En témoignent la statue de Jean-Paul II, qui a longtemps vécu à Cracovie, qui accueille les visiteurs à l'entrée de ce temple dédié à la Pologne, mais aussi les tombes de Pilsudski, le père de la Pologne moderne mort en 1935, avant l'apocalypse de la Seconde Guerre mondiale, et juste à côté celle du président Lech Kascynski, récemment disparu dans un accident d'avion en Russie. À Cracovie, et au sein même de son Wawel, l'histoire de la Pologne s'écrit encore jour après jour.

Cracovie, c'est aussi une vieille ville. L'une des plus distinguées de toute l'Europe, magnifiquement préservée des horreurs du XXe siècle. Des églises presque collées les unes aux autres, un magnifique marché central, des restes de remparts : toute la panoplie qui assure désormais à la ville, grâce aux flux de touristes, des jours agréables.

Cracovie, c'est enfin un ghetto, rendu célèbre par le chef-d'œuvre de Spielberg, *La liste de Schindler*, que le réalisateur américain eut l'intelligente idée de tourner sur place plutôt que dans des studios hollywoodiens.

Les rues de Kazimierz, au sud de la ville, constituent ce qui fut longtemps le quartier juif, avec synagogues, boutiques et de multiples signes distinctifs qui attirent aujourd'hui des touristes de plus en plus nombreux. Mais les juifs de Cracovie n'avaient plus accès à ce quartier sous l'occupation nazie. Ils furent exilés de l'autre côté de la Vistule, à quelques kilomètres, dans des quartiers où il ne reste plus beaucoup de traces de cette époque tragique. Comme tant d'autres, ils travaillaient comme des forçats, dans des usines comme celle d'Oskar Schindler, ce héros presque malgré lui qui sauva des centaines de personnes de l'extermination et est honoré dans le célèbre film. L'usine, où l'on fabriquait de l'émail, est d'ailleurs encore debout et a même récemment été entièrement rénovée et transformée en musée. Après le Wawel et la vieille ville, l'usine d'Oskar Schindler sera sans doute bientôt inscrite au programme des multiples tours que propose la ville.

Nous profitons de ce passage à Cracovie et de l'immersion dans l'histoire et la culture de la Pologne pour déguster les spécialités locales. Cracovie, c'est aussi une destination culinaire, avec, à l'ombre des restaurants proposant des tarifs prohibitifs pour les touristes, une multitude de petits restaurants offrant des plats typiquement polonais, et pratiquant des prix imbattables. Comme quoi la sauvegarde de l'authenticité ne signifie pas forcément la recherche du profit.

Auschwitz
(Pologne)

Il pleut sur Oscwiecim. Les nuages menaçants ont chassé un soleil trop timoré qui n'a pas sa place ici, et le froid s'est peu à peu installé au fur et à mesure que nous approchions de notre destination. Comme si cette petite ville anodine subissait un micro climat aussi déplaisant qu'approprié. Car Oscwiecim n'est pas un lieu si anodin quand on l'appelle par son nom allemand : Auschwitz.

À Auschwitz, il ne peut pas faire beau. Le soleil n'a rien à faire dans un tel lieu. Il préfère s'arrêter de briller, par respect sans doute. Difficile d'imaginer un endroit plus terrible que celui-ci. On peut chercher loin, argumenter, débattre, mais au bout du compte, rien ne peut rivaliser avec Auschwitz au registre de l'horreur. Une horreur comptable d'abord : 1,5 million de personnes entrées dans les deux camps, et qui n'en sont jamais ressorties. Un chiffre tellement fou qu'il est impossible d'imaginer à quoi cela pourrait ressembler. Tant de morts dans une si petite ville, il fallait une détermination sans borne de la part des bourreaux qui dirigeaient les sinistres camps pour accomplir une telle «prouesse». Mais il ne s'agit que de chiffres, et l'histoire d'Auschwitz, c'est celle de 1,5 million d'individualités. Le plus volumineux de tous les livres d'histoire ne suffirait pas à raconter leur martyr.

On ne vient pas à Auschwitz pour chercher à comprendre l'inexplicable, ni même par curiosité malsaine. La visite des deux camps, gratuite (comment faire payer l'entrée d'un tel endroit?), devrait être obligatoire, simplement pour prendre la mesure de la bestialité élevée au rang de politique. Tous les écoliers du monde entier devraient avoir l'opportunité de venir ici, car ce qu'on apprend dans les livres n'est pas suffisamment concret.

Il faut cependant les prévenir, afin de ne pas les prendre par surprise, au risque même de les décevoir. On vient à Auschwitz la peur au ventre, l'estomac un peu noué, avec en tête les images que nous a laissées l'histoire et les multiples témoignages, tous plus poignants les uns que les autres. On en repart la tête pleine de questions, presque incrédule, et cherchant même à se persuader que tout cela ne peut être arrivé. Qu'il ne s'agit que d'un mauvais rêve.

Quand on revient à Auschwitz, comme c'est mon cas (la première visite remonte à la fin des années 1990, tandis que je travaillais à la rédaction du premier guide touristique pour *backpackers* en français consacré à la Pologne), les questions sont toujours là, et elles ne trouvent pas de réponse dans les trophées

On estime à deux millions le nombre de personnes qui finirent leur vie ici, dans des souffrances inimaginables. Pas un lieu au monde n'a vu autant de morts qu'Auschwitz. Cet endroit doit être visité pour ce qu'il est devenu; un lieu de mémoire et d'espoir.

que conservaient, on ne sait pourquoi, les nazis. Ici des brosses, là des lunettes, là encore des amonts de paires de chaussures. Voilà tout ce qu'il reste de ceux qui ont vécu leurs derniers jours dans la déshumanisation, et qui semblent nous interpeller depuis les murs des baraques dans lesquelles ils ont vécu et sont morts, sur des clichés que les bourreaux eux-mêmes prirent un soin méticuleux et obscène à réaliser. Idem pour la voie ferrée qui traverse le camp de Birkenau, et ne mène nulle part. Idem pour ces baraques qui ressemblent plus à des étables qu'à une prison. Idem pour ce qu'il reste des chambres à gaz ou des lieux de torture. Devant tous ces vestiges, on se pose toujours la même question: pourquoi? Et sans grande surprise, on repart toujours sans la moindre réponse.

Budapest
(Hongrie)

Budapest est un véritable carrefour. L'Occident et l'Orient s'y rencontrent; y cohabitent la modernité d'une ville ancrée dans l'Union européenne et les vestiges du Bloc de l'Est; s'y opposent la vitalité d'une jeunesse résolument tournée vers l'avenir et la nostalgie encore visible dans le regard des anciens.

C'est aussi là que les voyageurs qui visitent l'Europe du Nord, ceux qui font route vers les Balkans et ceux que l'Europe orientale attire, se rencontrent et échangent leurs impressions. Ils palabrent pendant des heures sur leurs expériences, dispensant quelques conseils et prennent le pouls des destinations vers lesquelles ils prévoient se diriger. Ils oublient étrangement parfois, et même souvent, dans quelle ville ils se trouvent, comme si vivre l'instant présent n'avait pas autant d'importance que de planifier l'avenir proche, et comme si Budapest n'avait rien à offrir d'autre que des informations sur le passé et l'avenir.

Pourtant, la ville ne manque pas de charme et de curiosités qui méritent le détour. Mais le destin de la capitale hongroise semble être de rester ce carrefour à la fois attrayant et trop méprisé, ville de passage où les

Une traban avec l'autocollant de l'Allemagne de l'Est.
Clin d'œil au passé dans les rues de Budapest.

voyageurs ne prennent pas le temps de goûter à cette Hongrie elle-même hésitante entre le passé et l'avenir. Les *hostels* pullulent dans les rues de Pest, mais les clients ne restent généralement pas plus d'une nuit, ou deux dans le meilleur des cas. Les merveilles du château de Buda attirent une foule de visiteurs, mais qui passent d'un lieu à un autre au pas de course, pressés d'aller explorer d'autres contrées. À part quand ils se perdent dans les dédales du labyrinthe du château, tentative désespérée, mais si charmante, des Hongrois de garder leurs invités un peu plus longtemps. Le soir, les gares de la ville aux noms magyars exotiques, Keleti, Nyugati et Déli, sont bondées de voyageurs qui, sac sur le dos, sautent dans des trains les menant vers des destinations multiples. Ils quittent Budapest sans se retourner, inscrivant dans leurs carnets de voyage le nom de la ville sans chercher à en comprendre le sens. Pressés d'aller voir ailleurs, ils se contentent de quelques bribes d'informations, qu'ils auront tôt fait d'oublier dans la plupart des cas. Ils se souviendront simplement être passés à Budapest. Quant aux autres trésors que la Hongrie offre, le lac Balaton, Pecs et tant d'autres, ils sont la plupart du temps tout simplement ignorés par ces lecteurs assidus du *Lonely Planet*, qui se contentent presque toujours des capitales pour inscrire les pays sur la liste des lieux « faits », et qui ne seraient donc plus à faire (voilà un concept que je n'ai

Budapest et ses gares aux noms imprononçables.
Carrefours d'une Europe en mutation.

jamais vraiment compris). La différence entre Buda et Pest, l'Empire austro-hongrois et pour les plus curieux un peu de Bartok et de Vasarely : voilà à quoi se résume pour eux la Hongrie. Sans doute reviendront-ils un jour à Budapest, au hasard d'un autre périple faisant escale dans la capitale hongroise. Et sans doute en repartiront-ils toujours aussi pressés.

J'ignore combien de fois je suis moi-même passé par Budapest, tantôt à la vitesse de l'éclair, courant presque d'une gare à l'autre, tantôt en prenant un peu plus le temps de flâner et d'en recueillir quelques sensations. Dormant dans la rue, sur un banc public ou sous un porche, à l'abri de la pluie. Me mêlant aux quelques touristes pendant la journée, et aux autochtones la nuit. Transitant d'un monde à l'autre, étant ici et ailleurs, en mouvement, en perpétuel mouvement.

Belgrade
(Serbie)

À quoi ressemble un État voyou ? Voilà une question qu'oublient souvent de se poser ceux qui se prétendent experts du sujet. Ou alors ils se la posent particulièrement mal, puisant dans des concepts séduisants, mais rarement vérifiables, privilégiant la théorie au détriment de l'empirisme. Ils négligent ainsi toute enquête sérieuse qui permettrait de se faire une idée précise et dénuée de tout déterminisme aussi hâtif que dangereux. Corée du Nord, Iran, Myanmar, Syrie, Irak (au passé du moins) ou encore Cuba figurent sur cette étrange liste, modifiable à souhait, selon les humeurs d'une poignée d'individus – et les humeurs s'ajustent au gré du facteur bonheur, oscillant entre une météo ensoleillée et l'orage, mais la météo est elle-même modifiable, souvent de façon artificielle. Les humeurs et la politique se confondent souvent, et c'est justement ce qui en fait une science humaine.

Cette liste semble avoir pour seul objectif de maintenir, coûte que coûte, un ennemi en vie. « L'ennemi, c'est le messie », écrivait, il y a quelques années, la romancière belge Amélie Nothomb, pointant du doigt avec une grande lucidité et des mots habiles une réalité de géopolitique qui devrait être enseignée dans toutes les écoles militaires. Avec des préceptes du genre : « Si vous n'avez pas d'ennemi, créez-en un de toutes pièces. Et si votre ennemi devient votre ami, ce qui est *a priori* le but recherché (quelle que soit la méthode), trouvez-vous rapidement un autre ennemi, au risque de tomber dans la routine. Tant que vous aurez des ennemis, vous pourrez dormir sur vos deux oreilles, avec le sentiment du devoir accompli, et la certitude que personne n'ira vous chercher des noises pour autre chose. Mais le jour où vous n'avez plus que des amis, c'est là que les ennuis commencent. » On comprend ainsi pourquoi la liste des États voyous évolue avec le temps, se gonfle occasionnellement de nouveaux membres, se réduit en certaines circonstances à quelques sujets, mais ne disparaît jamais totalement.

À quoi ressemble un voyou ? Voilà la question que je me pose tandis que notre train approche de la gare de Belgrade sous un ciel orageux. Ma femme, qui ne manifestait pas le moindre intérêt pour la politique internationale avant de me connaître et m'assaille désormais de questions faussement candides, insiste un peu plus, en établissant des parallèles avec ce que représente le voyou dans notre imaginaire collectif. Le voyou devrait avoir un faciès de voyou, des traits grossiers et un regard plein de malice. La caricature de l'appellation n'aurait ainsi de sens que si le dénommé

Géopolitique de l'art ou l'art de la géopolitique : la Serbie et sa jeunesse dynamique et talentueuse refusent le conformisme.

est lui aussi une sorte de caricature. On imagine ainsi difficilement un voyou aux allures de dandy, ou alors on ne l'affublerait pas du sobriquet de voyou, mais plutôt d'escroc, ou encore de génie du mal. Arsène Lupin n'était pas un voyou, mais un gentleman cambrioleur. Le voyou se doit d'être laid, et son apparence n'inspire que mépris et dégoût.

La Serbie a été un État voyou, tenté-je d'expliquer à ma femme sous le regard amusé d'une vieille femme qui voyage dans notre compartiment et ne semble pas comprendre un traître mot de ce que je raconte. Ce statut était amplement mérité d'ailleurs, au regard de ses tristes faits d'armes des années 1990 et de l'idiotie de certains de ses dirigeants, au premier rang desquels Slobodan Milosevic. Comme quoi être inscrit sur la liste des États voyous n'est pas toujours le résultat d'un choix arbitraire : certains semblent faire tout ce qu'il faut pour en faire partie ! Délire de grande Serbie, nettoyage ethnique en Bosnie, crise humanitaire au Kosovo... tous les ingrédients de l'État voyou – à l'exception de la prolifération nucléaire et du soutien au terrorisme, les plus souvent cités dans les autres cas – étaient réunis pour faire de Belgrade le paria parfait d'une Europe post-moderne qui voyait dans l'après-Guerre froide une opportunité inespérée de mettre un point final à l'histoire et de donner raison à Hegel. Une utopie – mais une belle utopie – sans aucun doute, que la Serbie a brutalement fait voler en éclats. La guerre du Kosovo fut le dernier acte de ces années difficiles et de ce douloureux retour de l'histoire.

Mais depuis, les choses ont profondément changé. Certes, Belgrade n'est pas encore redevenue une ville brillant de tous ses éclats, et les cicatrices de près de quinze ans d'isolement – le prix à payer pour un

État voyou – sont encore très visibles. Le touriste se fait pour sa part encore plutôt rare, mais il est bien accueilli par une population qui a visiblement à cœur de tourner une page douloureuse de son histoire et de retrouver la place qui lui est due. Les voyous ont cédé la place à des gens accueillants et aimables.

Le chemin qui reste à parcourir pour parvenir à la reconnaissance est encore long, mais il est désormais tracé. S'il est difficile de vivre dans un État voyou, pour des raisons évidentes, il est parfois tout autant difficile de modifier une image défavorable et de se refaire peu à peu une réputation respectable. Mais Belgrade semble sur la bonne voie, bien décidée à ne plus apparaître comme le mouton noir des Balkans.

Pour ce faire, le pays compte plus que tout sur sa population à l'esprit vif, inventive et enfin décomplexée. L'avenir est en marche, et tous les espoirs sont à nouveau permis.

Le destin m'a fait croiser de nombreux Serbes depuis que ce pays évoque quelque chose pour moi, et même avant, du temps de la Yougoslavie. Je me souviens de ces deux camarades de classe d'origine yougoslave, tous deux fiers de leur pays d'origine dont ils n'avaient de cesse, de retour de vacances, de vanter les merveilles. Jusqu'au jour où la division d'un pays qui semblait, vu de l'extérieur, à l'abri des pires extrémités s'invita dans notre salle de classe. Nous n'étions pas très nombreux alors, onze étudiants seulement si je me souviens bien. Et deux Yougoslaves – puisque c'est ainsi que nous les identifions – dans le lot. Mais plus question de Yougoslavie alors. L'un d'eux était Serbe, l'autre Croate, et ils revendiquaient désormais fièrement une identité qui n'avait visiblement pas tant d'importance quelques mois plus tôt. Leur camaraderie n'en fut pas, en apparence du moins, affectée, et ils déploraient plus qu'ils ne l'approuvaient une division dont ils avaient du mal à saisir le sens. Mais du jour au lendemain, nous n'avions plus deux Yougoslaves dans la classe, mais un Serbe et un Croate, preuve s'il en faut que la politique comme la géopolitique s'invitent toujours dans notre quotidien, qu'on le veuille ou non.

Quelques années plus tard, c'est sur les bancs de l'université à New York, loin des déboires des Balkans, que la Yougoslavie défunte se concrétisa à nouveau sous mes yeux, au-delà des dépêches d'informations ou des articles de presse. Depuis l'échec des négociations, la guerre battait à nouveau son plein au Kosovo, et une fois encore – la dernière – la Serbie était montrée du doigt pour ses excès, et même ses horreurs. Parmi les nombreuses connaissances du monde entier que je côtoyais alors, le hasard voulut qu'il y eût trois Serbes, dont deux amis proches et chers. C'est en leur compagnie que je fus informé, au jour le jour, des bombardements de Belgrade. Leur famille étant sur place, ils épiaient les moindres mauvaises nouvelles, inquiets pour leurs proches et craignant que cette guerre ne s'éternise. En parcourant les rues de la capitale serbe, c'est le souvenir de leurs descriptions qui me revient en mémoire. Ici un ministère, ciblé par les bombardiers de l'OTAN, et qui porte encore, plus d'une décennie après, les séquelles de l'attaque. Ici une rue animée, où pas âme qui vive ne se pressait alors. Ici encore une église, un bâtiment ancien... Et au milieu de tout cela, des lieux qu'ils décrivaient avec passion, les lieux dans lesquels ils ont grandi, et qu'ils craignaient de voir disparaître à jamais.

C'est donc une ville qui m'est familière, mais que les aléas de la géopolitique m'ont trop longtemps empêché de visiter, que je découvre enfin. Mes souvenirs sont mes guides, les récits de mes amis mes repères. Et dans ce décor, les voyous ont depuis longtemps disparu.

Pristina
(Kosovo)

La frontière qui sépare la Serbie du Kosovo n'en est pas vraiment une. Pas encore du moins. Ancienne province de Serbie, et berceau de la culture serbe, le Kosovo aujourd'hui peuplé en grande majorité d'albanophones a déclaré de façon unilatérale son indépendance en 2008, mais sans avoir encore obtenu la reconnaissance de Belgrade. Il faut dire que le passé récent a été pour le moins tumultueux entre les deux entités. Après des années de combats et une crise humanitaire majeure en 1998, l'OTAN a joué le rôle d'arbitre. Un arbitre ayant choisi son camp, engageant contre Belgrade une guerre éclair, menée depuis les airs, au printemps 1999. Suite à ce énième épisode de la balkanisation – l'ultime, espérons-le –, le Kosovo fut placé sous mandat de la puissante organisation militaire, avant de déclarer son indépendance. Pas étonnant donc que la question de la frontière soit encore si sensible.

Cette frontière, on la traverse plus facilement au cœur de la nuit, quand elle n'est pas trop visible. Comme si on souhaitait encore la cacher, malgré ce sentiment de fierté immense qui se dégage des

uniformes aux couleurs du jeune État. Mais les auto-
matismes ne sont pas encore là et les tensions restent
vives. D'ailleurs, quand les voyageurs passent par la
Serbie pour entrer au Kosovo, il leur arrive d'être
refoulés à la frontière serbe et se voient dans l'obliga-
tion de faire de pénibles détours par la Macédoine ou
le Monténégro. Mais dans l'autre sens, tout va bien.
Puisque le Kosovo n'est pas un pays pour Belgrade,
un simple poste de police fait office de frontière, pour
la forme. De l'autre côté, on affiche évidemment le
plus fièrement possible ses couleurs. Caractéristique
propre aux États qui ont depuis peu goûté aux vertiges
de l'indépendance. Mais, chose étonnante, le très naïf
drapeau du jeune État (bleu avec la carte du Kosovo
en jaune, et des étoiles noires) ne flotte encore que très
rarement, et on trouve à sa place, de manière quasi
systématique, l'étendard rouge au centre duquel se
déploie un aigle noir : le drapeau de l'Albanie voisine.
Certes, il est bien connu que les Kosovars sont pour
beaucoup d'origine albanaise, et qu'ils revendiquent
l'identité qui les lie à ce pays. Mais de là à substituer le
drapeau d'un autre État au leur... À quoi bon se battre
pendant des années pour l'indépendance, si c'est pour
ensuite la donner sans concession à un tiers – quelles

◀ Études sous haute surveillance :
l'université de Pristina et son architecture étonnante.

que soient ses intentions d'ailleurs –, pourrait-on se demander. Voilà donc un drôle de pays, qui n'a pas fini de se chercher, et dont la définition n'est pas encore clairement formulée. De quoi le rendre sympathique aux voyageurs en quête d'insolite. De quoi aussi faire taire ceux qui prétendent que plus rien ne se passe en Europe.

Les rues de Pristina, la capitale de ce tout petit pays, dont le triste record est d'être le plus pauvre d'Europe (et ça se voit au premier coup d'œil), mais qui présente également la particularité d'utiliser l'euro comme devise, sont encore en quête de références à la nation kosovare. La ville n'est pas particulièrement belle, et il faudra sans doute beaucoup de temps avant qu'elle ressemble à une capitale digne de ce nom, si elle y parvient un jour. L'université, située en plein centre-ville, a l'air d'une forteresse futuriste des années 1970, et les bâtiments administratifs ressemblent à une mairie de patelin. Quant aux quartiers d'affaires, aux centres du pouvoir et aux centres commerciaux, ils semblent aux abonnés absents. Mais chaque chose en son temps. Il faut d'abord se faire accepter par la communauté internationale et obtenir un siège à l'ONU, puis construire une économie qui

◀ La large (et un peu lugubre) avenue Bill Clinton.
Hommage rendu au libérateur, un peu malgré lui.

n'existe pour le moment que de manière parcellaire. Le reste finira bien par venir ensuite. On l'espère en tout cas pour les Kosovars.

Les habitants de Pristina découvrent avec autant d'étonnement que de fierté que leur pays sera peut-être viable, à condition toutefois d'y mettre les moyens. Comme cette jeune fille croisée par hasard sur l'avenue Bill Clinton (en attendant une place Monica Lewinski, diraient les mauvaises langues…) qui souhaite parfaire son anglais, avec comme objectif ultime de poursuivre ses études à Londres. « Nous sommes un pays pauvre, alors nous devons travailler encore plus dur pour y arriver », explique-t-elle avec autant de résignation que d'enthousiasme. Mais ses paroles sont aussi sages que justes : quand tout un pays se met au travail avec cœur, les choses finissent forcément par s'améliorer. Aussi ne veut-elle pas particulièrement s'envoler pour Londres avec un aller simple. Elle reviendra, elle en est persuadée, car son avenir est ici, mais elle doit se donner les moyens de réussir. Les Kosovars sont des gens lucides qui savent que rien n'arrive sans effort ni volonté. Et la volonté, ce n'est pas ce qui manque ici. La manière avec laquelle ils ont gagné leur indépendance est là pour le leur rappeler. L'avenir est forcément porteur d'espoir, à condition de ne pas se reposer sur les lauriers de la liberté chèrement acquise.

En attendant des jours plus prospères, en ce samedi d'août, les cortèges de jeunes mariés défilent partout dans la ville, aux sons de multiples instruments pour les processions, et de klaxons pour ceux qui préfèrent voyager motorisés. Dans les deux cas, ce sont les couleurs de l'Albanie qui sont sorties et fièrement agitées dans tous les sens. En d'autres circonstances, très hypothétiques cependant, on pourrait presque croire que l'Albanie vient de remporter la Coupe du monde de football, le concours de l'Eurovision, ou un évènement médiatique de cette ampleur. Comme quoi les Kosovars sont clairs quant à leurs ambitions, mais encore très indécis en ce qui concerne leur identité. Et ça risque de s'éterniser si les omniprésents drapeaux albanais ne sont pas vite remplacés.

Cette enfance d'une nation est en tout cas un spectacle rafraîchissant, et cette escale au Kosovo est bien surprenante.

Prizren
(Kosovo)

Si Pristina est incontestablement un endroit qui mérite le détour, mais interpelle surtout ceux qui s'intéressent à la géopolitique, Prizren est une destination charmante qui assurera à n'en pas douter dans les prochaines années au Kosovo des bénéfices issus de l'industrie du tourisme. Est-ce la beauté du site ? Ou alors la délicatesse de certaines constructions ? Ou encore l'exotisme de cet Orient transporté au cœur de l'Europe ? Sans doute un peu tout cela à la fois. Prizren a fortement souffert de la guerre, comme toutes les autres cités de la jeune nation. Mais la reconstruction est déjà en marche, et malgré les malheurs qu'elle a subis, il faudra peu de temps pour que la ville retrouve sa splendeur.

Nous croisons Mehmet, un garagiste-mécanicien qui nous invite avec insistance à venir voir son garage. Curieuse visite que nous acceptons avec amusement. Son intention n'est pas de nous montrer comment il sait changer une boîte de vitesses ou une roue – fort heureusement d'ailleurs, la mécanique et l'automobile n'étant pas notre tasse de thé –, mais de nous présenter ses étonnantes collections. D'abord les multiples objets à l'origine de la crevaison de pneus amassés en vingt ans de métier. Des clous par centaines, par milliers peut-être même, preuve que son affaire tourne plutôt bien, et accessoirement que les routes du coin ne sont visiblement pas les plus fréquentables qui soient. Dans le lot, des éclats d'obus de toutes tailles, guerre oblige. Certains sont très gros, et ce sont évidemment ceux sur lesquels il insiste en arborant un large sourire dont on s'interroge sur la raison. Il nous montre aussi des outils d'un autre âge, conservés par son grand-père, et qui tapissent aujourd'hui les murs de ses entrepôts. Un moyen sans doute de se souvenir chaque jour d'où il vient. Dans son bureau, il exhibe fièrement une photo de La Mecque, où il a fait un pèlerinage, et un portrait gigantesque d'Atatürk (le père de la Turquie moderne), qu'il nous présente comme son héros, la main sur le cœur.

Mais plus que tous ces trésors, ce sont les photos prises lors de parties de chasse dans les montagnes autour de Prizren dont il est le plus fier. Sangliers, lapins, cerfs, toutes ses prises sont minutieusement photographiées à ses côtés. Drôles de souvenirs, mais à chacun ses passions. Et sa tenue de chasse est toujours plus agréable à regarder que les uniformes des milices qui, de part et d'autre, semèrent la terreur dans la population, toutes origines confondues. Peut-être Mehmet a-t-il combattu aux côtés de l'UCK, tuant un

autre gibier que le cerf. Après tout, il sait manier le fusil, et il était déjà en âge de se joindre aux combattants quand la guerre faisait rage. Mais il n'en fait aucune mention, comme si cette période était à oublier.

Les gens de Prizren dans leur grande majorité souhaitent visiblement, comme Mehmet, tourner la page de ces évènements douloureux. Peu importe que la guerre ait été gagnée ou non, c'est toujours la guerre, et elle laisse des blessures profondes. Si une statue d'un combattant de l'UCK trône dans le centre de la petite ville, avec un grand drapeau albanais flottant dans son dos, c'est sur son patrimoine exceptionnel que Prizren compte désormais. Le reste appartient au passé, et les rancunes doivent être effacées. C'est la condition de base d'une reconstruction saine. C'est presque un impératif, et les gens en ont conscience. Églises catholiques ou orthodoxes aussi bien que mosquées : tout ici est traité avec le même respect. Personne ne voudrait replonger dans l'horreur et diviser à nouveau les populations. Nous savons bien que les choses ne se passent pas aussi bien dans d'autres régions de ce jeune pays, et que derrière l'unité de façade, les rancœurs restent tenaces et les tensions n'ont que partiellement diminué. Mais on ne peut pas demander

◄ La fierté de Mehmet : les pneus percés de clous et d'éclats d'obus qui composent sa collection insolite.

à un peuple qui vient de traverser une guerre civile de passer à autre chose sans arrière-pensée. Le temps fera son œuvre, et cela ne se fera pas du jour au lendemain. Sans doute Mehmet rêve-t-il d'un Kosovo apaisé et résolument tourné vers l'avenir, comme l'immense majorité de ses compatriotes. Mais en attendant, ils se mettent à l'œuvre, passent sous silence certaines pages sombres de leur histoire récente, et se réfugient dans un passé plus lointain.

À la sortie de la ville, deux imposantes bases de l'OTAN servent de garde-fous garantissent encore une sécurité qui n'est pas totalement assurée. Fort heureusement, la mission de ces soldats venus d'ailleurs est de moins en moins délicate. Ils prennent même le temps de dialoguer avec quelques visiteurs, et de jouer aux touristes à l'occasion. Comme ces soldats italiens avec lesquels nous discutons un peu, qui profitent de leur temps libre pour draguer les filles. La population ne remarque pour sa part même plus leur présence. Comme s'ils faisaient partie intégrante des lieux. Et puis des uniformes, on en a vu défiler tellement ici qu'il n'y a rien de bien exceptionnel à ce qu'ils restent un peu plus longtemps. À Prizren, on souhaiterait que la guerre soit désormais loin, mais on doit bien se résoudre à ce qu'elle soit encore si proche. Comme dans tout le reste du Kosovo d'ailleurs.

Kotor
(Monténégro)

Du haut des remparts de la petite cité de Kotor, ancien comptoir de Venise situé dans ce qu'est aujourd'hui le Monténégro, la vue est exceptionnelle. Les ruelles de la vieille ville, classée au patrimoine mondial de l'UNESCO, sont à nos pieds, tandis que s'étend juste au-delà des portes la baie de Kotor, sorte de fjord balkanique dans les eaux paisibles de l'Adriatique à l'accès facilement contrôlable. Un sacré effort pour arriver jusqu'au sommet, près de deux heures d'ascension sous un soleil de plomb. Mais après un mois à arpenter les routes d'Europe du matin au soir, nous n'en sommes plus à un effort près, et puis la récompense est si belle.

À en juger par la topographie, il n'est pas étonnant que les Vénitiens aient fait de Kotor un comptoir, et une forteresse visiblement imprenable. Par mer, il fallait pour les agresseurs traverser une longue et étroite baie, en étant exposés sur une distance de plusieurs kilomètres aux tirs défensifs des bastions construits tout autour. Autant dire que les chances de voir Kotor étaient plus que limitées, et on imagine aisément le nombre de vaisseaux intrépides qui reposent

Du haut des remparts, la vue sur Kotor et le fjord
qui mène à l'Adriatique est exceptionnelle.

désormais au fond de ce fjord et recèlent peut-être encore des trésors exceptionnels. En venant par voie terrestre, les agresseurs avaient toutes les chances de se retrouver piégés au fond d'une étroite vallée, avec l'avantage, pour les gardiens de Kotor, de pouvoir tirer presque à vue, du haut de ces murailles construites, et c'est ce qui les rendait imprenables, sur une crête. C'est à croire que Marco Polo, une fois rentré de son périple en Asie et après avoir vu de ses yeux la Grande muraille de Chine, a inspiré les bâtisseurs de Kotor. Après tout, son passage en Chine a laissé de multiples traces culinaires, des pâtes au risotto, en passant par les raviolis. L'Asie laissa sur lui une empreinte très forte, et lui donna de multiples idées. Alors pourquoi pas dans le domaine des constructions militaires.

Défendre Kotor était certainement un honneur pour les soldats, mais aussi un véritable sacerdoce. Pour monter au sommet des remparts depuis la vieille ville, il fallait gravir près de 1 500 marches, sous un soleil brûlant en été et bravant un vent glacial en hiver, le tout en transportant un attirail au poids improbable. Autant dire qu'une fois en haut, les soldats n'avaient certaine-ment pas envie de redescendre trop vite. Comme les touristes de nos jours, qui prennent le temps d'une longue pause méritée une fois le sommet enfin atteint.

Mais quand même, quelle folie pour une ville aux proportions si modestes! Kotor ne peut rivaliser avec les cités italiennes, et si son emplacement fut particulièrement bien choisi, il ne s'agit pas non plus d'une de ces villes indispensables qu'il fallait défendre coûte que coûte, au risque de voir toute la république s'effondrer. Sans doute ses gardiens étaient-ils visionnaires, comprenant qu'un jour Kotor serait le joyau du Monténégro, la destination incontournable de ce jeune pays au nom à la fois étrange et poétique (la « montagne noire ») et aux paysages idylliques, la principale attraction de ce petit bout d'ex-Yougoslavie épargné par les malheurs de la guerre, qui a proclamé son indépendance sans que cela ne finisse dans un bain de sang. Un exploit malheureusement trop rare dans la région. On comprend alors pourquoi il fallait déployer tant d'énergie pour défendre Kotor.

Aujourd'hui, les envahisseurs viennent en majorité dans d'immenses et luxueux bateaux de croisière qui accostent au port, et sont bien accueillis. Il faut dire que leurs intentions ne sont pas mauvaises, et que la raison de leur présence entre ces murs est d'admirer les ruelles parfaitement préservées, où une pénombre si agréable au cœur de l'été s'invite, ne laissant filtrer que quelques rayons de soleil qui donnent aux façades des vieux bâtiments des allures fantastiques. Car Kotor est bien une ville fantastique, un petit trésor des Balkans, où on ne peut que comprendre l'acharnement que mirent des générations de défenseurs à le conserver.

Dubrovnik
(Croatie)

Est-il possible de détester la beauté au point de vouloir la détruire ? Comme une obsession destructrice qui serait amplifiée par l'éclat d'un écrin que tous admirent plus que tout. Le romancier japonais Yukio Mishima s'est posé la question dans son sublime roman *Le pavillon d'or*, racontant la destruction du trésor de Kyoto par un jeune moine trop obsédé par sa beauté.

Certes, Dubrovnik n'a pas de pavillon d'or, mais tous les éléments semblent réunis pour faire de cette ville l'une des plus belles du monde. La beauté du littoral de la côte dalmate est à couper le souffle, et le lieu choisi pour bâtir Dubrovnik fut sans doute autant sélectionné pour ses attributs esthétiques que pour ses qualités défensives. Le port de plaisance et les petites îles à proximité desquelles viennent se jeter dans la mer de petites péninsules où les plages se succèdent sont de toute beauté. Mais c'est la vieille ville de Dubrovnik qui, sans surprise, remporte haut la main la palme de l'élégance. Sorte de Venise sans les canaux et les gondoles, mais avec des falaises et des ruelles en escaliers, cité italienne hors de l'Italie, véritable joyau de l'Adriatique, il est impossible de ne pas s'émerveiller devant la splendeur de Dubrovnik.

Et pourtant, la beauté de la vieille ville, trop éblouissante, ne lui fut pas toujours bénéfique. Elle fut même un temps son plus grand handicap, dans un passé très proche. Les forces serbes n'hésitèrent pas à la bombarder en 1991, au cœur du premier conflit de l'éclatement de l'ex-Yougoslavie, quand la Croatie déclara son indépendance. Les Serbes ne pouvaient ignorer la beauté de Dubrovnik, et c'est sans doute pour en priver les Croates qu'ils firent pleuvoir les bombes sur la cité, endommageant des bâtiments historiques d'une valeur inestimable. Agacés par la beauté de Dubrovnik, frustrés de la perdre à jamais, ils laissèrent éclater leur colère en pensant peut-être que si la ville ne devait plus leur appartenir, alors il fallait qu'elle n'appartienne à personne.

Aujourd'hui, grâce aux financements internationaux – et ils ne manquent pas dans un lieu au potentiel touristique et à la richesse culturelle aussi évidents –, les cicatrices de cette agression sont de moins en moins visibles. Dubrovnik, un temps défigurée, presque enlaidie, a retrouvé sa splendeur. Sans doute de nombreux visiteurs qui viennent l'admirer ne savent-ils même pas ce qu'il s'est passé entre ces murs, et quand ils le savent, ils l'oublient rapidement.

◄ Nombreux sont les touristes qui prennent de la hauteur pour admirer la splendeur de Dubrovnik.

Mais cette beauté retrouvée a un prix. Nous hésitons ainsi, en errant dans ses rues, entre l'admirer ou nous sentir à notre tour agacés, au point de la détester. Une hésitation curieuse et même déplacée à première vue, mais qui s'explique par ce que Dubrovnik est devenue plus que par ce qu'elle a toujours été. Ici, le tourisme de masse s'est emparé des moindres recoins, ne laissant à l'authenticité qu'un rôle de figuration à peine visible. Ce n'est pas tant le nombre de touristes, totalement légitime, que la manière dont ils sont traités qui nous laisse dubitatifs. Tarifs exorbitants, accueil plus que discutable, amabilité accessoire, pizzas et spaghettis comme unique menu de tous les restaurants – on cherche désespérément les spécialités locales. Il y a quelque chose d'agaçant à Dubrovnik. C'est la rançon de la gloire, le dividende du tourisme, le destin d'une ville peut-être trop belle pour pouvoir être traitée normalement.

On en viendrait presque à préférer que Dubrovnik soit un peu moins merveilleuse, et par voie de conséquence un peu moins plébiscitée et prise d'assaut. Un comble pour une ville qui ne vit que pour son esthétisme. La beauté, poussée à l'extrême, génère souvent des sentiments très contradictoires. Dommage donc pour ce lieu exceptionnel qui ne parvient pas à nous séduire, et dont nous repartons finalement un peu déçus, par trop de perfection sans doute.

Sarajevo
(Bosnie)

Quel étrange destin a fait de Sarajevo, petite capitale de Bosnie-Herzégovine à l'aspect si tranquille, un lieu où des pages aussi mémorables que sinistres de l'histoire du xxᵉ siècle ont été écrites ? On pourrait même, maintenant que nous sommes entrés définitivement dans le xxiᵉ siècle, considérer que le précédent a commencé et s'est terminé à Sarajevo. Les historiens, qui aiment à trouver des références pour désigner et délimiter des périodes, ne manqueront pas de s'interroger sur cette possibilité.

L'assassinat en 1914 de l'archiduc François-Ferdinand, héritier du trône d'Autriche-Hongrie, fut l'élément déclencheur de l'inévitable Première Guerre mondiale – il en fallait bien un – et marque à la fois la fin du xixᵉ siècle et l'entrée dans le xxᵉ siècle. La plupart des historiens s'accordent aujourd'hui sur ce fait. L'évènement de Sarajevo n'est à cet égard qu'un symbole, mais il sert de référence.

Il est en revanche encore trop tôt pour savoir comment le xxᵉ siècle, celui des extrémismes politiques et des conflits les plus meurtriers de l'histoire, a pris fin. Mais la violence du conflit interethnique en Bosnie et l'intensité des bombardements de la capitale en font très certainement un candidat plus que sérieux. Sans doute, si on fait abstraction de la guerre du Kosovo – différente par nature –, le conflit bosniaque sera-t-il le dernier sur le sol européen pour longtemps. Un espoir qui semblait bien utopique il y a vingt ans, mais qui est désormais plus réalisable que jamais. Avec l'Union européenne en ligne de mire et une politique de gestion des minorités qui exclut toute forme de ségrégation, des extrémités comme le conflit bosniaque semblent désormais plus difficilement atteignables. Espérons-le en tout cas. Et sur ce point, les blessures profondes de Sarajevo sont là pour témoigner des atrocités des guerres fratricides. La visite de l'imposant cimetière qui, d'une des nombreuses collines entourant la vallée, surplombe tout Sarajevo, émeut par le nombre de défunts qui y ont été enterrés dans la première moitié des années 1990, soit celles du conflit. La bibliothèque nationale est encore à l'état de ruines, et les projets de rénovation sont sans cesse retardés par manque de moyens. Certains immeubles ont été refaits à neuf, d'autres restent au contraire des tas de débris. Il faudra longtemps avant que Sarajevo redevienne la petite cité tranquille et charmante qui avait tant séduit les visiteurs lors des Jeux olympiques d'hiver de 1984, il y a une génération déjà, autant dire une éternité.

Mais tous les espoirs sont permis dans ce qui est désormais la capitale d'un État indépendant. Le centre-ville, fortement influencé par l'héritage turc, est de toute beauté. L'exotisme est garanti, au cœur de l'Europe. Et la gentillesse des habitants fait de cette destination l'une des plus agréables de la région. Les historiens ne sont peut-être pas encore tombés d'accord, et il leur faudra réfléchir encore longtemps sans doute, mais Sarajevo a déjà fait son choix, et se tourne résolument vers l'avenir. La Bosnie-Herzégovine est entrée dans le XXIe siècle, laissant derrière elle les années difficiles, et ne veut plus jouer les premiers rôles, préférant rester un peu en retrait, à l'abri de l'histoire.

Dans le cimetière qui domine la ville, les hommages aux disparus des années 1990 sont un rappel des drames qui se sont déroulés ici.

La Bosnie est fière de son héritage ottoman, qui en fait une destination exotique au cœur de l'Europe.

Mostar
(Bosnie)

Pourquoi s'être acharné avec tant de haine sur une petite ville pourtant si tranquille, au sud de la Bosnie-Herzégovine? Mostar a été le lieu d'une des plus terribles tragédies de la fin du XXe siècle. Le destin le plus sombre en Europe assurément, après les incontournables Mitrovica et Sebrenica.

Ici, ce n'est pas le jeu des grandes puissances qui a déchaîné la fureur, mais les petits arrangements entre Serbes et Croates, alliés de circonstance, pour le plus grand malheur des habitants de Mostar. Il avait été décidé de trouver une ligne de démarcation entre Serbes et Croates de Bosnie, et cette ligne se trouvait au cœur de la petite ville, le long de la rivière surmontée par un pont majestueux, héritier de la présence ottomane. C'est ainsi que les Croates rompirent leur alliance avec les combattants bosniaques, et prirent position sur les collines surplombant la ville sur sa rive sud. Les Serbes se positionnèrent de leur côté au nord de Mostar, également sur des collines à seulement quelques centaines de mètres à vol d'oiseau – ou de tirs d'obus – du centre. Bloqués au milieu et coupés du monde, soldats et civils connurent l'horreur

À l'image de son pont détruit, Mostar fut une cité meurtrie. Même si la page est désormais tournée, les habitants, eux, n'oublieront jamais.

des bombardements. Et Mostar fut, après Dresde un demi-siècle plus tôt, la ville d'Europe la plus sévèrement bombardée de toute l'histoire. Pas un quartier ne fut épargné, et pas une maison n'échappa aux bombes.

Miran avait quinze ans lors des bombardements. Quinze premières années d'une existence passée dans un pays qu'il idéalise maintenant qu'il n'existe plus. La Yougoslavie qu'il nous raconte avec enthousiasme et en la magnifiant, c'était un paradis du socialisme, avec un niveau d'éducation exceptionnel, et tous les avantages d'être une sorte de passerelle entre l'Est et l'Ouest. «Nous étions le seul peuple au monde qui n'avait pas besoin de visa pour voyager à la fois aux États-Unis, en URSS et en Chine», aime-t-il rappeler, regrettant sans doute d'avoir été trop jeune pour ne pas avoir pu profiter d'un statut aussi unique. Car le destin fut tout autre pour sa génération. Il se souvient des bombardements dans tous les détails, comme s'il les vivait encore. La peur d'abord, permanente. Cinq obus sont tombés sur sa maison. Il les a même conservés, comme tant d'autres habitants de Mostar. À l'époque, raconte-t-il, il fallait trouver un endroit où se cacher, mais les refuges étaient rares. Et puis les tirs de mortiers se faisaient à vue. Difficile pour les assaillants de manquer leur cible, alors forcément, quand les bombes tombaient, c'était la panique généralisée.

Il se souvient aussi des privations. Des mois sans manger de fruit ou de légume, avec parfois pour seule chose à se mettre sous la dent de la nourriture périmée généreusement offerte par les grandes puissances. Il en garde un souvenir amer, comme si le goût de cette nourriture était encore là, surtout quand il entend les puissances occidentales se targuer de l'aide qu'elles ont apportée aux populations civiles. Pour lui, à part l'américain Richard Holbrooke qui a mis fin à cette guerre, et qu'il dépeint comme un diplomate honnête et aux convictions profondes, les grands de ce monde sont en grande partie responsables de son adolescence meurtrie.

L'identité bosniaque, désormais protégée et encouragée par le jeune pays, s'affirme sous le pont de Mostar.

L'humiliation enfin. Le pire supplice sans doute. Habitant à l'époque du côté contrôlé par les Serbes, il fut rapidement épargné – relativement du moins – par les bombardements, les assaillants ayant trouvé une activité beaucoup plus facile et surtout plus lucrative : le siège. Pendant des mois, il fallait passer par les soldats serbes pour se procurer de la nourriture, à un prix exorbitant. Cent dollars pour un sac de café, cinquante dollars pour un peu de riz, et ainsi de suite. Toutes les économies de la famille, pourtant assez aisée avant la guerre, y sont passées. Il en conserve une rancune tenace contre les Serbes. Mais ceux qu'il déteste le plus, ce sont les Croates. Eux n'ont pas cessé les bombardements, bien au contraire. Pilonnant méticuleusement maison après maison, ils allèrent jusqu'à détruire entièrement le symbole de la ville, le pont ottoman, provoquant un émoi international qui précipita, plus encore que le supplice des civils, les accords de Dayton.

Quinze ans après l'apocalypse, le pont a été entièrement reconstruit à l'identique, et fait à nouveau la fierté de Mostar. Il est en quelque sorte devenu le symbole de la réconciliation, même si, comme Miran, tant de témoins de cette période effroyable restent marqués à jamais. Malgré la proximité, Miran ne se rend que rarement sur l'autre rive, car il ne s'y sent pas chez lui. Mais qu'à cela ne tienne, le pont est désormais à nouveau éclatant, et avec beaucoup de détermination, les générations futures se serviront de ce symbole pour que la Bosnie ne soit plus jamais déchirée. C'est le vœu de Miran, c'est l'espoir de tout un peuple.

Mostar est l'un des lieux les plus touchants de toute l'Europe, et certainement l'un des plus beaux de tous les Balkans. Mais si on y vient pour admirer le pont et la vieille ville qui se reconstruit peu à peu, avec méthode et en s'assurant de ne pas dénaturer le site, c'est surtout la tête pleine de témoignages aussi poignants que celui de Miran qu'on en repart.

Split
(Croatie)

Les Italiens ont débarqué! Ils sont là par centaines, par milliers même, à déambuler dans les rues de Split sous un soleil brûlant, cherchant une ombre que seules les allées les plus étroites peuvent offrir.

Ils sont arrivés par de multiples voies. Sur des bateaux de croisière naviguant dans les eaux calmes de l'Adriatique pour la grande majorité. Sur des yachts magnifiques affichant clairement les couleurs de l'Italie pour les plus riches. Par avion pour les plus pressés. En bus pour les plus démunis et pour ceux qui veulent prendre leur temps. Et en voiture pour les plus courageux et les plus romantiques, qui ont fait de la côte dalmate la destination de leurs vacances.

Dans les rues de la deuxième ville de Croatie, l'Italien s'impose tout naturellement comme la deuxième langue. Au menu des restaurants et des multiples échoppes, c'est pizzas, pâtes et *gelato*. Ne cherchez pas de spécialités croates ici, elles ont déserté la ville, fuyant l'arrivée de ces envahisseurs pourtant bienvenus, mais qui souhaitent quand même se sentir un peu chez eux. On ne peut pas trop leur en vouloir d'ailleurs. Après tout, tant de références dans la vieille ville sont là pour

rappeler que Split a plus en commun avec la péninsule italienne que la simple proximité géographique. À commencer par ses nombreuses, et somptueuses, ruines romaines, parmi les mieux conservées. Les touristes italiens viennent en Croatie contempler les vestiges de leur propre histoire. Depuis l'Antiquité, et quel que soit son destin, la ville a d'ailleurs conservé une très forte influence italienne, témoignant du lien étroit qui l'unit à l'autre rive de cette mer quasi intérieure. Les ruelles où pend le linge rappellent le sud de l'Italie, et les magnifiques places où s'entremêlent les tables des restaurants et des cafés ont la saveur des plus belles cités de la péninsule. Au milieu des flots de touristes, des acteurs portant des uniformes de soldats romains, un peu ridicules, circulent pour le plus grand bonheur des visiteurs.

C'est tout le poids de l'histoire. Tant de villes européennes ont l'exotisme d'une culture étrangère, mais cela s'explique souvent par l'importance des minorités. À Split cependant, la fierté d'être croate est clairement affichée, et inutile de cherche ici des populations de descendance italienne, sorte de *tiffozzis* délocalisés. Tout s'explique donc par ce passé original que la ville porte en elle, et qui a gravé son destin à

◀ Sous le soleil brûlant de l'été balkanique, Split est une fenêtre grande ouverte sur un passé fortement influencé par la culture italienne.

Dans les rues de la vieille ville, les touristes semblent blasés en voyant passer des centurions qui ne les impressionnent plus.

jamais. Pour cette raison, les Italiens y seront toujours un peu chez eux.

Split est notre dernière étape dans les Balkans occidentaux, dans cette Europe du Sud baignée par le soleil de l'été, où les lieux restent intacts, ou se reconstruisent à l'identique quand ils connurent des destins tragiques, tandis que les sociétés se transforment à une vitesse étonnante. C'est aussi le dernier volet d'un périple qui nous fit traverser l'Europe centrale du nord au sud, longeant les lignes imaginaires de démarcation du passé, sur les traces de la reconstruction d'un continent hier profondément divisé, et qui célèbre désormais son unité retrouvée. Cap désormais sur Berlin, le symbole ultime de ce XXe siècle déchiré et d'un XXIe siècle plein de promesses, et notre dernière étape européenne.

Berlin
(Allemagne)

Berlin est une ville magique. Certainement pas la plus belle, loin de là même. Si on fait abstraction de la sinistre Minsk, on pourrait même peut-être lui décerner le titre de capitale européenne la moins élégante. Mais il n'en fut pas toujours ainsi. Le tracé des larges avenues, le gigantisme de Tiergarten, ce «bois de Boulogne» du centre-ville, version sauvage de Central Park, ou encore l'esthétique de certains bâtiments témoignent d'un passé glorieux. Mais l'histoire du XXe siècle a emporté le reste.

Hitler avait la prétention, en la rebaptisant Germania, de faire de Berlin la capitale du monde, de son monde, symbole d'une société moderne tout droit sortie de son esprit malade. Il en confia la responsabilité à Speer, par la suite trop occupé à exterminer les juifs d'Europe pour trouver le temps de se replonger dans ses travaux d'urbanisme. Germania ne vit bien entendu jamais le jour, et à sa place c'est même un Berlin en ruines que les nazis laissèrent en héritage. «Puisque les Allemands ne sont pas capables de dominer le monde, cela signifie qu'ils ne sont pas la race supérieure, et pour cette raison ils ne méritent rien d'autre que l'élimination, et la destruction totale de leurs villes»,

pensait sans doute un Hitler plus aliéné que jamais et terré dans son bunker, à quelques centaines de mètres des soldats de l'Armée rouge.

Berlin ne fut pas entièrement rayée de la carte, mais il s'en fallut de peu. Entre des dirigeants nazis perdus dans leurs certitudes suicidaires et des Soviétiques souhaitant éliminer toute trace de leur ennemi, tous les éléments étaient rassemblés pour que Berlin n'existe plus. L'immensité de la ville joua en sa faveur. Là où une capitale aux dimensions plus modestes aurait sans doute été éliminée, il fut impossible pour les fossoyeurs de Berlin, quel que soit leur camp, d'accomplir leur tâche jusqu'au bout. La ville sortit de la guerre marquée à jamais, les deux genoux à terre, méconnaissable. Mais elle était encore vivante. Même la division humiliante ne fut pas suffisante pour anéantir les derniers espoirs de Berlin. Elle fut au contraire une sorte de déclic qui, à défaut de les décourager, incita les Berlinois à se relever, et à remettre sur pied leur ville.

C'est ainsi que l'histoire de Berlin dans la deuxième moitié du XXᵉ siècle fut celle d'une résistance permanente. Résistance aux politiques, résistance au déterminisme, résistance au conformisme. La ville divisée devint le symbole d'une contre-culture qui fait encore aujourd'hui sa renommée. L'identité d'une cité tournée vers un autre

◄ Plus de vingt ans après la chute du mur de Berlin, les reliques de l'ancien occupant soviétique continuent de se marchander.

avenir se forgea à l'ombre du mur, et dans l'indifférence des jeux des grandes puissances. Jusqu'à l'éclatement extraordinaire, connu de tous, l'un des mouvements les plus marquants de ces dernières décennies, l'un des plus admirables aussi. En faisant tomber un mur, c'est soudain une ville entière, et plus encore, qui manifesta son désir de tout changer pour un avenir meilleur.

De ville oubliée dans les dédales d'une Guerre froide devenue aussi exaspérante que rouillée, Berlin devint la capitale du monde. Pas une capitale aux allures pompeuses et déshumanisées comme se voulait Germania, où l'arrogance et le mépris étaient érigés en véritable religion, mais une capitale tolérante, moderne, et progressiste. D'ailleurs, elle n'est pas la capitale du monde, statut qu'elle laisse volontiers à d'autres cités plus ambitieuses, mais la capitale d'un monde. Ça lui va tellement mieux. Le symbole d'une Europe retrouvée après une séparation aussi longue que douloureuse, mais qui ne souhaite pas se contenter de la réconciliation, et impose sans crainte des réformes aussi multiples qu'audacieuses. Un vieux monde constamment tourné vers l'avenir, qui se sert de son expérience, parfois tragique, pour chercher à bâtir un monde meilleur.

À Berlin, l'est rencontre désormais l'ouest, et tous deux se confondent harmonieusement. Dans ce décor,

◄ La tour de Berlin, le symbole de la RDA qui surplombe la Spree, n'a pas pu sauver le régime communiste de la noyade en novembre 1989.

les anciens symboles de la séparation sont devenus ceux du rapprochement. Aucune autre ville ne ressemble à Berlin, aussi indescriptible que fascinante.

Tant de fois j'ai choisi Berlin comme première destination de mes périples européens. Comme si cette ville, à une époque où les différences Est-Ouest étaient encore si visibles, était une sorte de porte d'entrée vers une Europe différente. La capitale allemande était le lieu idéal pour une immersion en douceur dans l'ancien bloc communiste. Mais les temps ont changé, et à l'heure où le volet européen de notre étrange périple prend fin et où l'Asie nous tend déjà les bras, Berlin est le lieu le plus approprié en ce qu'il symbolise toutes les caractéristiques de l'Europe d'hier et d'aujourd'hui. Une ville ancienne et pourtant moins conservatrice que les autres grandes capitales du continent, qui donne l'impression que tant de défis restent encore à relever. Berlin est aujourd'hui le lieu de toutes ces rencontres et c'est paradoxalement, mais tellement logiquement au final, là que les divisions sont les moins visibles. Ville hyper-européenne, elle est la dernière que nous laissons derrière nous sur le vieux continent, comme pour mieux accentuer le dépaysement dont nous mesurons la portée pour l'avoir tant de fois expérimenté, comme pour mieux mesurer le décalage entre cette Europe aux souvenirs nombreux et cette Asie en perpétuel mouvement, et pleine de promesses.

Deuxième partie

L'Asie en mouvement

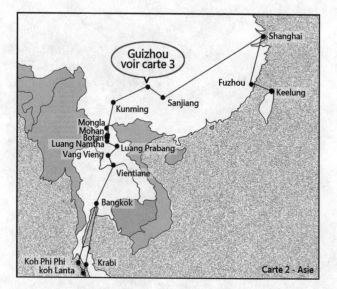

Carte 2 - Asie

Bangkok
(Thaïlande)

Bangkok n'est pas ce qu'on peut décrire comme «l'Asie pour débutants». C'est pourtant la destination que choisissent de nombreux voyageurs qui n'ont jamais exploré l'Asie comme point de départ de leur périple. Aussi ce n'est pas une surprise que le volet asiatique du nôtre commence dans ses rues.

La première caractéristique de la capitale thaïlandaise est bien sûr son gigantisme, propre à tant de villes asiatiques. Son dynamisme permanent, presque usant, est l'autre facette de sa personnalité, et en fait là aussi une capitale typiquement asiatique. Mais Bangkok se distingue pourtant des autres métropoles de la région. Et après tant de séjours plus ou moins prolongés dans la ville, je m'interroge encore sur cette singularité.

Peut-être est-ce la manière avec laquelle les habitants de la ville et les visiteurs vivent à la fois proches et séparés les uns des autres. Les touristes optant pour Bangkok comme destination – que ce

◀ Deux incontournables de Bangkok :
le drapeau Thaï et le célèbre tuk-tuk.

soit en transit ou pour des séjours de plus longue durée – sont cantonnés dans des quartiers adaptés à leurs besoins, souvent choisis selon leur âge et leurs revenus. Quinquagénaires et plus sont invités à occuper les luxueux hôtels des quartiers modernes. Dans les rues qui leur servent de territoire, et sont reconnaissables à leurs chiffres, bars et boîtes de nuit sont les lieux où la prostitution de tous âges et de tous sexes est un commerce d'une grande banalité. Cette activité se double des « rencontres » entre des messieurs occidentaux et des demoiselles thaïes aguichantes et parfois provocantes. De leur union éphémère naît ce spectacle écœurant qui fait la triste réputation des villes de Thaïlande où le tourisme sexuel se pratique sans complexes. On trouve ce petit manège à peu près partout où le confort des hôtels est suffisamment adapté aux exigences de ces messieurs qui, pour comble, se croient porteurs de valeurs morales et refusent en conséquence de toucher de trop près à un mode de vie aux conditions sanitaires parfois douteuses. Pas question pour eux de se mêler aux Thaïs, à l'exception des jeunes filles de 15 à 25 ans, ou des jeunes mâles du même âge, ayant pour attributs un décolleté et une minijupe, sans oublier des préservatifs dans le sac à main.

Les touristes plus jeunes et aux moyens plus limités sont pour leur part priés d'investir le quartier de Khao San Road, proclamé depuis longtemps lieu de passage obligatoire des *backpackers*, au point que l'endroit se confondrait presque avec Bangkok pour les enfants de ceux qui en leur temps firent de Thamel leur petit monde au cœur de Katmandou. Le quartier est assez limité par sa taille, et donne l'impression d'un petit village au cœur de l'immense capitale, dans lequel les repères sont internationaux et bannissent toute tentative d'immersion trop brutale dans la culture asiatique. Les jeunes occidentaux de tous horizons, rêvant de l'exotisme de la Thaïlande mystérieuse, se sentent bien à Khao San Road. Tout le monde parle anglais, on écoute du reggae et on boit de la bière jusqu'à l'aube. Le dépaysement est ici accessoire, et il se rêve plus qu'il ne se pratique.

Les Thaïs sont présents à Khao San Road, mais ils travestissent leur identité et s'occidentalisent, afin de s'adapter à leurs hôtes. Peut-être s'identifient-ils à ces visiteurs dont ils envient le mode de vie, au point de vouloir leur ressembler en tous points. Résultat, à part leur teint hâlé qui trahit leur exposition prolongée aux latitudes d'Asie du Sud-Est et leur accent le plus souvent incompréhensible, ils ne se distinguent pas des visiteurs auxquels ils se joignent pour célébrer le village global. La Thaïlande est la terre d'où ils viennent, mais ils agissent comme si elle leur était étrangère. Bienvenue au cœur de Bangkok, à Khao San Road, là où les Thaïs laissent leur identité à l'entrée.

Que ce soit dans l'un ou l'autre de ces quartiers, Bangkok offre la fausse impression aux visiteurs d'être une gigantesque communauté partageant les mêmes passions, les mêmes vices aussi. Mais cette communion se fait souvent sans les Thaïs, qui sont les grands absents de cet univers, au point qu'on pourrait presque se demander s'ils existent vraiment. Au cœur de cette ville immense dont on a depuis longtemps renoncé à compter la population, les îlots de touristes vivent en marge, comme s'ils étaient seuls au monde. Et pourtant, face à ce groupe, les Thaïs composent leur propre communauté. Dans les boutiques de Khao San Road, tous se connaissent. Sur les trottoirs des quartiers chauds, les prostituées sont des collègues autant que des rivales, et se racontent entre elles leurs exploits et ceux, souvent moins légendaires, de leur clientèle. Le visiteur qui s'arrête à Bangkok oublie ainsi facilement qu'il se trouve dans une ville vivante, très vivante même, qui vivait avant son arrivée, et qui continuera à vivre après son départ, comme s'il n'était jamais venu. Il sera oublié d'autant plus vite que peu auront remarqué son passage.

Deux communautés qui se croisent et se frôlent, mais ne se touchent finalement quasiment pas, et échangent encore moins, vivant dans deux mondes bien distincts. Telle est la particularité de Bangkok, et c'est sans doute ce qui laisse au visiteur un peu curieux cet étrange sentiment d'inachevé. Comme si entrer en contact avec la communauté thaïe était chose impossible. Nous entamons ainsi notre périple asiatique par une ville singulière, où l'Asie reste une vitrine, et où l'Occident continue de parader. Un de ces lieux qu'on qualifie, à tort ou à raison, de cosmopolite, où la mondialisation montre à la fois sa puissance et ses limites.

Nous sommes souvent venus à Bangkok, sorte de carrefour d'Asie du Sud-Est où les voyageurs trop pressés et ceux qui devraient l'être un peu plus se croisent à longueur d'année. Cette escale est cependant indispensable, car nous pouvons, dans une de ces multiples petites agences de voyages qui ressemblent à des petites cahutes, laisser nos passeports, que nous récupérerons dans quelques jours avec les visas pour le Laos et la Chine, nos deux prochaines destinations. Pas besoin de faire la queue devant les consulats, de passer des barrières de sécurité d'un autre âge et de répondre à des questions idiotes. Pendant que les fonctionnaires de deux des derniers pays communistes de la planète feront leur travail, nous nous adapterons au décalage horaire et au changement de climat. Cap donc sur le sud de la Thaïlande, sous des cieux plus agréables

pour reprendre des forces et attaquer la deuxième partie de notre périple. Une fois rentrés à Bangkok, nous partirons immédiatement pour le Laos, laissant derrière nous une Thaïlande du Nord que nous avons tant de fois sillonnée, et qui malgré ses merveilles n'est pas cette fois inscrite au programme. Voyager, c'est aussi faire quelques sacrifices.

◄ Khao San Road, où les *backpackers* du monde entier pensent découvrir une Thaïlande qui ne s'ouvre pourtant pas si facilement à eux.

Krabi
(Thaïlande)

Le tourisme peut-il avoir des effets négatifs ? Si on se penche sur ses impacts sur l'environnement ou, dans certains cas, sur le respect des traditions, cela semble indiscutable. La manière dont il affecte le comportement des populations locales est pour sa part plus fluctuante, et dépend en grande partie de la façon avec laquelle les autochtones l'appréhendent. Si certains profitent de l'afflux de touristes venus du monde entier pour élargir leur ouverture d'esprit, d'autres se limitent au contraire aux simples dividendes économiques, et n'y voient que l'aspect commercial.

À Krabi, le tourisme est depuis longtemps devenu une industrie lourde, et si les outils sont désormais un peu rouillés, les Thaïs qui en vivent ont totalement perdu le sens de l'hospitalité, monnayant le moindre renseignement, vendant leurs services comme le feraient des prostituées au rabais, et se comportant comme des moustiques affamés ne voyant dans ces étrangers de passage que des portefeuilles garnis prêts

◀ En Thaïlande comme ailleurs, le soleil se couche toujours à l'ouest, là d'où vient l'argent du tourisme.

à s'ouvrir et à laisser s'envoler des liasses de devises de toutes sortes. En route vers des destinations de rêve, les touristes de tous âges sont trimbalés, mal informés, désinformés même, et traités comme du bétail frais qu'il faut vite dépecer, avant qu'il ne devienne avarié ou soit dévoré par un autre. Le sens de l'hospitalité des Thaïs échoue à Krabi, comme si cet endroit était devenu trop usé pour offrir un semblant d'amabilité.

Ce constat est d'autant plus déroutant qu'il risque fort si on n'y prend garde de se généraliser rapidement à l'ensemble de la Thaïlande. Autrefois charmant et accueillant, ce pays aux multiples merveilles est, en certains lieux, devenu une véritable usine où le tourisme n'est pas simplement considéré comme une activité comme les autres, mais – et c'est pire – comme la plus rentable d'entre toutes. Le problème est que les touristes qui passent par Krabi ne sont pas totalement dupes, et ont pour la plupart suffisamment voyagé pour savoir à quel moment on cherche à profiter de leur crédulité. On les voit agacés, irrités de cette attitude déplaisante, ne s'embarrassant même plus d'un sourire faux. Certains manifestent haut et fort leur mécontentement, d'autres – la majorité – ruminent entre eux leur exaspération. La tendance générale est qu'ils jurent de ne plus jamais s'y laisser prendre, et qu'ils ne reviendront pas à Krabi. Promesse dont il est difficile d'évaluer la véracité, tant la région reste un joyau. Mais ce désaveu des touristes pour une destination qui fait la fierté de la Thaïlande reste un signe inquiétant pour l'avenir de l'activité touristique dans ce pays. Après tout, d'autres contrées se pressent au portillon pour offrir des destinations dont certaines sont capables de rivaliser avec Krabi.

C'est donc une économie qui est susceptible de s'effondrer d'un coup, ou du moins de connaître un sérieux revers. Longtemps en tête des nations touristiques, la Thaïlande voit se rapprocher à grands pas une meute de pays n'hésitant pas à déployer

La culture Thaï, ses croyances, ses rites enchanteurs et ses coutumes colorées demeurent un mystère, malgré les flux de touristes et l'illusion d'une société cosmopolite.

tous leurs charmes pour séduire des visiteurs de plus en plus nombreux. Il serait donc intéressant, et utile, pour les gens de Krabi de s'interroger sur leur vie sans le tourisme. Sans doute réaliseraient-ils à quel point ils en sont dépendants, et peut-être cela les rendrait-ils un peu plus accueillants.

Koh Lanta
(Thaïlande)

Pour les amateurs des films de Bertrand Blier qui, de surcroît, connaissent déjà les charmes de Stella-Plage, sur la côte d'Opale dans le Pas-de-Calais, Koh Lanta en basse saison a tout pour rappeler une des scènes mythiques des *Valseuses*.

Koh Lanta en août, c'est un peu Stella-Plage en novembre. Pas âme qui vive, des rues recouvertes de sable dans lesquelles circulent occasionnellement quelques deux-roues qui semblent égarés, et des plages de sable fin qui s'étendent à perte de vue. Ne manquent dans ce décor que les dunes, remplacées ici par des forêts tropicales. Seule la température est là pour nous rappeler que les latitudes ne sont pas les mêmes, et que quand elle est déserte, Koh Lanta n'en est que plus agréable. Pas un chat, c'est forcément moins de nuisances, et l'impression à la fois étrange et si appréciable de se sentir seul au monde dans un endroit magnifique, avec juste ce qu'il faut de confort pour ne pas se sentir totalement abandonné.

Nous faisons la connaissance de Michael, jeune retraité allemand de 63 ans, venu comme nous chercher un peu de calme à Koh Lanta. Michael est un vrai baroudeur, qui a profité des moindres opportunités pour arpenter les quatre coins du monde. La liste des lieux dans lesquels il est passé est impressionnante, et l'Asie est son terrain de jeu favori. Tout a commencé pour lui au début des années 1970, quand il quitta l'Allemagne avec un ami en voiture, direction l'Inde. Les chemins de Katmandou, il les a sillonnés, et cela a en grande partie déterminé son envie toujours renouvelée de découvrir de nouveaux horizons. C'est une réelle encyclopédie du voyage, un vrai guide du routard, qui sait de quoi il parle.

Il laisse cependant une impression étrange. Disposant désormais de tout le temps libre qu'il désire, il prend le soin d'explorer les quelques rares coins qu'il ne connaît pas encore, et Koh Lanta en fait partie. Sa femme, d'origine vietnamienne, l'a suivi pour ce énième périple en Thaïlande, mais elle est rentrée en Allemagne, le laissant terminer ce voyage seul. Il aurait pu rentrer avec elle, mais il souhaitait rester plus longtemps, pour voir Koh Lanta.

Que cherche-t-il dans ce lieu aussi perdu qu'agréable? Un endroit où se reposer? Sans doute non, puisqu'il est désormais retraité, et bénéficie apparemment d'un bon petit confort à lui. À l'entendre, il enquête sur un lieu où il pourrait se retirer, et vivre sa retraite sous le soleil, comme tant d'autres expatriés de son âge. Mais là aussi, difficile de l'imaginer faire

le grand saut et plier bagage pour venir s'installer à Koh Lanta, ou dans n'importe quelle autre île du sud de la Thaïlande d'ailleurs. Il ne semble pas totalement convaincu lui-même, et plutôt que de le voir prendre racine dans une île quasi déserte quatre mois par an et envahie par les touristes le reste du temps, on l'imaginerait plutôt continuer à vadrouiller dans la région, multipliant des périples longs de plusieurs mois, mais rentrant au bercail entre-temps, histoire de se rappeler d'où il vient, et peut-être aussi pourquoi il prend autant de plaisir à rester si longtemps en Asie.

La peur de s'ennuyer semble être le principal frein à une décision qui, à défaut d'être définitive, serait quand même radicale. Vivre dans un endroit paradisiaque, c'est par définition faire du paradis son domicile – ce qui semble à de multiples égards bien attrayant –, mais c'est aussi le banaliser. S'il décide de rester à Koh Lanta, Michael s'ennuiera peut-être rapidement de tout ce qui lui rappelle son pays natal. D'ailleurs, son empressement à se ruer chaque matin dans la seule – et c'est déjà beaucoup – boulangerie allemande de l'île, tenue par un couple d'expatriés à peine plus jeunes que lui, en dit long sur son hésitation. Et elle est légitime. Chaque année, des centaines de jeunes retraités occidentaux

◂ Une passerelle vers ceux qu'on appelle ici les « gitans de la mer », priés de vivre en marge de la population.

143

découvrent les plages de sable fin d'Asie du Sud-Est et une qualité de vie qu'ils ne trouvent plus chez eux. Nombreux sont ceux qui décident d'y élire domicile, histoire de prolonger les vacances, et de profiter d'une sorte d'été éternel qui doit sans doute mieux leur faire accepter le fait de vieillir. Mais nombreux sont également ceux qui ne peuvent s'adapter et doivent écourter leur exil après seulement quelques mois. On ne s'improvise pas naufragé volontaire dans les mers du sud, et on ne devient pas familier de l'Asie simplement à la suite de vacances passées au soleil.

Michael est bien évidemment un cas à part. Il a tellement passé de temps en Asie qu'il sait à quoi s'attendre, et c'est d'ailleurs la raison pour laquelle il se montre si hésitant, là où d'autres auraient fait le grand saut dans l'inconnu sans penser au lendemain. En fait, il ne sait même pas s'il préférerait un endroit calme, presque recueilli, comme Koh Lanta, ou un lieu où les touristes occidentaux sont présents toute l'année. Moins exotique sans aucun doute, et certainement moins excitant, mais dans le même temps un peu plus réconfortant. Michael est finalement victime de sa trop grande connaissance du monde et des voyages. Il ne s'émerveille plus sans raison, et mesure le pour et le contre de tous les endroits dans lesquels il passe. Gageons que, quelle que soit la destination de son choix, elle sera la plus adaptée à ses envies et ses besoins.

Koh Phi Phi
(Thaïlande)

Un petit coin de paradis dans la mer d'Andaman, au large de la côte thaïlandaise, décor prisé de nombreux touristes, en particulier pendant les mois d'hiver : voilà comment pourrait être décrite Koh Phi Phi.

Pas étonnant que le lieu ait été choisi pour le tournage du film *La plage*, tant le décor naturel est saisissant. Sur l'île principale, le plaisir de la beauté se double de l'absence de voitures. Une île pour piétons, aux dimensions humaines, pour le plus grand bonheur des multiples visiteurs qui en font leur destination chaque année. Mais ce petit bout de paradis a été, à la fin de décembre 2004, un véritable enfer. Le tsunami qui ravagea l'Asie du Sud-Est et laissa derrière lui plus de 200 000 morts s'abattit sur Koh Phi Phi avec la même violence qu'ailleurs. La topographie de la petite île, où toutes les habitations sont construites sur une étroite bande de sable entourée de deux pics rocheux, ne joua pas en sa faveur. La vague géante coupa littéralement l'île en deux. Pire encore, avec la force des éléments, le tsunami passa trois fois en l'espace d'une demi-heure. Plusieurs milliers de personnes ne purent y résister, tandis que les plus chanceux parvinrent à s'agripper aux rochers, montant parfois à pieds nus les escaliers menant à un point de vue qui en temps normal est l'endroit idéal pour admirer l'île, et qui ce jour-là se transforma en unique refuge où les survivants pouvaient contempler l'horreur d'un spectacle de fin du monde. La fin d'un monde.

Patima se souvient de ce jour maudit dans les moindres détails. Originaire de Krabi, elle était venue s'installer à Koh Phi Phi deux ans plus tôt, pour trouver du travail. Il faut dire que personne n'est vraiment originaire de Koh Phi Phi. Les gens viennent y travailler pour des salaires plus élevés que sur le continent, et le plus souvent repartent ensuite chez eux. C'est sans doute ce qui explique que les insulaires sont dans leur grande majorité des jeunes gens, venus tenter d'améliorer leur sort.

Patima a eu de la chance ce matin-là, et elle en a conscience. Elle était déjà levée depuis longtemps, son travail de serveuse dans un restaurant proposant des petits-déjeuners aux touristes oblige. Dès qu'elle a vu le niveau de l'eau monter, quelques minutes avant que la vague ne frappe l'île, elle a senti que quelque chose d'anormal était en train de se produire et s'est précipitée sur les hauteurs, où elle est devenue, en compagnie de quelques autres, spectatrice d'un drame qui aurait pu être le sien.

On pourrait penser qu'elle a eu une chance incroyable, mais elle ne partage pas complètement ce point

Le tourisme a repris ses droits à Koh Phi Phi.

de vue. Pour elle, la chance n'y est pour rien. Les gens avaient, pour la grande majorité, la possibilité, et surtout le temps, de s'en sortir. Elle explique le nombre incroyablement élevé de victimes par le fait que les gens avaient trop bu la veille au soir, et qu'ils avaient la gueule de bois quand la vague frappa Koh Phi Phi.

Voilà une explication qui trouve bien entendu tout son sens quand on constate l'étonnante concentration de bars où se pressent chaque soir touristes et autochtones, et où l'alcool coule à flots, jusqu'aux premières lueurs du jour. Mais l'explication semble un peu légère malgré tout, et sent presque la propagande d'une

Un matin de décembre 2004, la vue n'était pas un enchantement, et ceux qui eurent le temps de grimper sur les hauteurs furent les témoins d'un spectacle de fin du monde.

campagne de prévention contre l'abus d'alcool. On ne peut pas en vouloir à Patima. Les survivants sont toujours regardés comme des chanceux, rarement comme des héros. Ils portent en eux le témoignage de catastrophes qui marquent l'actualité, puis sont lentement, mais inexorablement oubliées. Mais eux n'oublieront jamais même si, si souvent, ils souhaiteraient en être capables.

Aujourd'hui, Koh Phi Phi est à nouveau prête pour accueillir les visiteurs, qui sont d'ailleurs les bienvenus, car il faut savoir tourner la page et regarder vers l'avenir. Et si Patima raconte volontiers son expérience du tsunami, ses histoires préférées ce sont celles qui mettent en scène des vivants et sont porteuses d'espoir. Celles qui lui permettent d'oublier ce matin maudit de décembre 2004, et le spectacle effrayant auquel elle fut confrontée.

Vientiane
(Laos)

Les dimensions d'une ville à taille humaine, c'est la première chose qui frappe dans la petite capitale du Laos. Le calme et le côté un peu rural sont les autres caractéristiques de cette ville tranquille qui contraste avec la frénésie de Bangkok ou d'Hanoi. Mais certaines facettes de Vientiane, moins visibles, n'en sont pas moins fascinantes. À commencer par le quasi-bilinguisme de ses habitants, presque troublant. À Vientiane, pratiquement tout le monde peut parler thaï. Dans le reste du Laos aussi d'ailleurs. La raison est simple : les deux langues sont assez proches l'une de l'autre, et si la réciproque n'est pas automatique, les Laos sont le plus souvent capables de comprendre le thaï à moindre effort. Un peu comme les Hollandais, qui peuvent facilement comprendre l'allemand, sans pour autant être toujours compris en retour.

Ce bilinguisme semble à première vue être un avantage inespéré pour les Laos. Comprendre l'autre et parler sa langue, c'est des perspectives d'emplois, des opportunités de développement, et une capacité à multiplier plus facilement les échanges entre les deux cultures. Mais les avantages sont parfois trompeurs,

et les Laos pâtissent souvent de leur trop grande proximité avec la Thaïlande dont le Mékong assure la frontière de façon quasi continue du nord au sud. D'abord, la population des deux pays crée un écart insurmontable, entre les 65 millions de Thaïs et les 5 millions de Laos. Ensuite, les deux pays ont suivi des trajectoires de développement très différentes, et si la Thaïlande est aujourd'hui l'un des pays les plus développés de l'ASEAN, le Laos est l'un des plus pauvres de la région. Cette double asymétrie crée un déséquilibre dont le Laos fait inexorablement les frais. Il suffit d'allumer la télévision pour en prendre la mesure. Le nombre de chaînes thaïes est plus important que celles du Laos. Les loisirs, mais aussi les informations, sont en provenance directe de Bangkok, et les images qui font rêver les jeunes Laos ne sont pas celles de leur pays, mais de la Thaïlande voisine. Le tout dans une langue qu'ils comprennent, mais qui n'est pas la leur. Même constat pour les magazines et l'emballage de nombreux produits de consommation quotidienne.

Le Laos continue d'être politiquement fortement influencé par le Vietnam, mais d'un point de vue culturel, c'est bien la Thaïlande qui domine, en particulier dans les régions proches du Mékong. Le pont de

◂ À l'ombre du symbole national, toute la nonchalance et l'innocence du peuple lao.

l'amitié, construit sur l'imposant fleuve à une vingtaine de kilomètres en aval de Vientiane, est l'un des canaux par lesquels cette influence circule, mais il y en a tant d'autres.

De quoi s'interroger sur l'avenir de ce petit pays aux charmes multiples, mais qui peut difficilement rivaliser avec la puissance et le dynamisme de ses voisins. Le Laos redeviendra-t-il une sorte de colonie thaïe, comme il l'était avant de passer sous protectorat français? Ou saura-t-il profiter de son bilinguisme pour bénéficier du dynamisme de l'économie thaïlandaise, tout en conservant intacte son identité? Des questions que des petits pays, souvent enclavés comme le Laos, ne manquent pas de se poser, de l'Amérique latine à l'Asie du Sud-Est, en passant par l'Europe, l'Afrique ou l'Asie centrale.

Je ne suis passé qu'une seule fois à Vientiane, il y a une dizaine d'années. J'avais été alors frappé par l'indolence de la ville et de ses habitants, et, comme sans doute beaucoup d'autres étrangers de passage, je m'étais interrogé sur la capacité de cette petite capitale à s'adapter aux défis de la modernité. Une décennie plus tard, tout a changé, et rien n'a changé dans le même temps. Les routes macadamisées sont plus nombreuses, les hôtels plus modernes, et on y trouve même quelques petites boutiques pour touristes qui indiquent que les visiteurs y sont de plus en plus

Les Lao ont le goût de l'art figuratif, qui s'affiche partout, pour des publicités, des campagnes de lutte contre le Sida ou la déforestation ou ici, pour célébrer la fierté de Vientiane.

nombreux. Mais Vientiane n'a pas changé au point d'être méconnaissable. J'y retrouve la lenteur qui fait son charme, et la spontanéité presque infantile de ses habitants. La capitale du Laos est à l'image du pays, ne refusant pas le développement mais n'acceptant pas non plus de perdre son identité. Comme quoi la question de l'avenir du Laos semble avoir été anticipée à Vientiane, et la réponse est un large sourire énigmatique, que l'étranger ne comprend pas vraiment, et dont le Lao joue de l'ambivalence.

Vang Vieng
(Laos)

Étrange destin que celui de Vang Vieng. Rien ne semblait au départ destiner ce village de paysans, comme il y en a tant d'autres au Laos, à se faire une renommée internationale. Mais Vang Vieng dispose de deux atouts qui lui permettent aujourd'hui d'apparaître sur n'importe quelle carte du Laos, et de bénéficier de plusieurs pages dans le moindre guide touristique consacré à ce pays. D'abord son emplacement. Situé à mi-chemin entre Vientiane et Luang Prabang, Vang Vieng est l'endroit idéal pour faire une halte entre ces deux destinations incontournables. Vu la qualité encore douteuse des routes, cet arrêt est le bienvenu. Son deuxième atout est la beauté de son site. Vang Vieng est entouré de pics rocheux qui rappellent la baie d'Along au Vietnam, ou la région de Guilin dans le Guanxi. Cette double particularité est une bénédiction pour Vang Vieng, qui voit chaque année affluer un nombre de visiteurs de plus en plus important.

Le problème, c'est que la petite ville n'a pas grand-chose d'autre à offrir que des excursions dans la nature environnante (ce qui en soi est déjà pas mal), s'improvisant ainsi comme une destination d'écotourisme – la nouvelle mode –, mais sans vraiment comprendre le sens d'une telle appellation. Et le tourisme s'est ici développé en accéléré, sans prendre le temps de s'interroger sur ce qu'il peut véritablement offrir, mais aussi ce qu'il peut apporter, à l'exception bien sûr des rentrées d'argent. Résultat, la ville – puisqu'il ne s'agit plus désormais d'un village – donne l'impression de proposer inlassablement, d'une enseigne à l'autre, les mêmes choses, et aux mêmes prix. Marchandes ambulantes de sandwiches, hôtels proposant des bungalows avec vue sur la rivière et les paysages grandioses de l'autre côté du rivage, petites agences de tourisme organisant des tours pour explorer les environs et s'essayer à des sports extrêmes, avant de se retrouver autour d'une bière Lao et d'un pétard pour se remettre de ses émotions...

Chaque activité est bien définie à Vang Vieng, et si chacun sait visiblement ce qu'il a à faire, il se doit de respecter une sorte de norme un peu fatigante à la longue. Et la norme du moment, c'est que la quasi-totalité des restaurants et cafés du coin passent en boucle des DVD de la série *Friends*. Pas un seul pour faire preuve d'originalité et se démarquer. À Vang Vieng, on ne sort pas de la norme. Les touristes n'échappent pas à cette règle. «Comment, vous ne voulez pas faire de rafting?» s'étonnent des vendeurs de circuits, comme si cette activité devait être obligatoire ici, et comme si

Le Laos reste une société essentiellement rurale, un pays d'une grande pauvreté où les petits bonheurs n'en demeurent pas moins présents.

un périple au cœur de l'Indochine devait être uniquement dicté par l'envie de descendre une rivière sur un pneumatique en compagnie d'autres touristes.

Vang Vieng semble avoir grandi trop rapidement, et le petit village où la vie était rythmée par les activités des champs et des rizières s'est transformé en quelque chose d'inconnu, qu'il ne maîtrise pas encore. Le rythme est toujours là, mais il n'est pas le même. Par bonheur, il suffit de traverser la petite rivière pour échapper aux rafteurs et trouver autre chose.

Pour entrer à nouveau au Laos, où les conditions de vie n'ont que très peu changé depuis des décennies et peut-être même plus, et retrouver cette authenticité qui fait aujourd'hui tant défaut à Vang Vieng. À l'entrée du pont suspendu, une petite cabane est occupée par quelques gardes, qui demandent un droit de passage, presque symbolique. On dirait plus une frontière qu'un péage, mais ce n'est qu'une fois de l'autre côté qu'on comprend le sens de cette frontière intérieure.

Ici, les touristes ont disparu. Ils ne font généralement que passer, entassés à l'arrière d'un pick-up avec pagaies et gilets de sauvetage dans les mains. Ils se rendent vers des destinations plus lointaines, d'où ils ne reviendront qu'à la tombée du jour. Mais ce sont surtout les autochtones qui semblent différents. À croire que tous ont une activité distincte, et n'ayant rien à voir avec le tourisme. Les voici, de tous âges, s'affairant dans tous les sens, perpétuant des activités ancestrales avec des outils qui le sont tout autant, conduisant des engins qu'ils ont sans doute bricolés en assemblant des pièces amassées çà et là, et profitant de quelques moments de répit entre deux averses pour faire sécher au soleil des herbes ou des fruits. La petite rivière qui serpente le long de Vang Vieng sépare deux mondes qui ne se comprendront peut-être jamais, et continueront de pratiquer l'indifférence pour feindre une cohabitation de façade.

Luang Prabang
(Laos)

Le soleil hésite encore timidement à se lever qu'ils sont déjà tous debout, trimbalant avec eux des sacs de tailles variables contenant de la nourriture présentée sous toutes ses formes. Les touristes sont également de la partie. Il est cinq heures, Luang Prabang s'éveille, et toute la population semble déjà présente dans les rues de la ville qui ne resta pas endormie longtemps.

C'est comme ça tous les matins, quelle que soit la saison, quelles que soient les conditions météorologiques. L'ancienne capitale royale du Laos, véritable merveille bordant le Mékong et qui semble presque être perdue au cœur de la jungle, n'est pas uniquement inscrite au patrimoine mondial de l'UNESCO pour la beauté de ses temples et l'originalité de ses maisons coloniales, à la fois majestueuses et désuètes. Ici, les traditions se respectent, et personne n'oserait y toucher. Chaque matin, au lever du soleil, les moines sortent de leurs temples et déambulent

◄ Chaque matin au lever du soleil, le Tak Bat illumine
Luang Prabang encore endormie.

dans les rues, suivant un itinéraire strictement défini et immuable. La raison de cette promenade très matinale : collecter de la nourriture, du riz surtout, qu'ils utiliseront ensuite pour prier pour les âmes de la ville, et les autres aussi. Et les moines, ce n'est pas ce qui manque à Luang Prabang. Plusieurs dizaines de temples, et surtout cette règle qui impose que les jeunes garçons y effectuent des séjours prolongés, où ils étudient la religion, mais aussi les sciences et les langues étrangères. Autant dire que chaque famille a son moine.

Les voilà qui arrivent. Tout le monde s'est rassemblé d'un seul coup, comme si une sirène avait retenti. Mais c'est plutôt le silence soudain qui semble avoir imposé ce rituel. Leurs frêles silhouettes paraissent presque flotter au-dessus de la chaussée. Ils sont sagement alignés, les aînés en tête, tandis que les plus jeunes ferment la marche. Ils ne portent rien d'autre que leur tunique orange caractéristique, et un bol accroché en bandoulière. Ils avancent d'un pas rapide, l'air décidé, imperméables à toute distraction. À l'arrivée des moines, les gens de la ville se sont accroupis les uns à côté des autres et offrent dans des gestes répétitifs et répétés jour après jour des poignées de riz à chacun, sans leur adresser le moindre regard, sans le moindre mot. C'est le Tak Bat, comme on l'appelle ici. La scène ne dure que quelques minutes, mais elle est le moment le plus important de la journée, la communion entre ceux qui méditent et ceux qui restent dans la vie courante. Les touristes sont les bienvenus, à condition qu'ils ne perturbent pas la cérémonie. C'est pourquoi il convient de respecter les convenances, répertoriées à la fin de ce texte. Mais chacun est bien prévenu, tant chaque hôtel prend un soin particulier à énoncer les quelques règles, et le cérémonial se déroule sans le moindre incident.

Aussi rapidement qu'ils sont arrivés, les moines sont repartis vers leurs temples, où ils passeront le reste de la journée entre prières et enseignements. De leur côté, les habitants de la ville peuvent désormais démarrer leur journée. Déjà, les étals des marchés sont sortis, et le rythme de la ville reprend rapidement ses droits. Des fruits, des légumes, des épices, de la viande, mais aussi des spécialités plus exotiques, comme des iguanes, des insectes de toutes tailles et des tortues sont ainsi vendus, échangés, puis transportés avant d'être cuisinés à toutes les sauces. La religion est largement consommée à Luang Prabang, mais il faut bien nourrir son corps aussi. Demain matin, le même cérémonial du Tak Bat reprendra, marquant le début d'une nouvelle journée.

Comment respecter le Tak Bat*

- Observez en silence et ne faites une offrande que si elle correspond pour vous à une démarche religieuse personnelle que vous êtes capable de pratiquer avec dignité.
- Achetez de préférence le riz au marché tôt le matin plutôt qu'aux marchandes dans la rue sur le chemin des bonzes.
- Si vous ne faites pas d'offrande, tenez-vous à distance, dans une attitude respectueuse. Ne gênez pas la procession des bonzes et le don des fidèles.
- Ne prenez pas de photo des bonzes de trop près. Les flashes sont très perturbants à la fois pour les bonzes et les fidèles.
- Soyez vêtu convenablement, épaules, torse et jambes largement couverts.
- Évitez tout contact physique avec les bonzes.
- Les autobus de grande dimension sont formellement interdits dans la zone protégée du patrimoine mondial et créent de grandes perturbations. Ne suivez pas la procession en bus. Vous risquez de vous trouver plus haut que les bonzes, ce qui constitue au Laos un manque de respect.

---

* · Source : Office du tourisme de Luang Prabang.

Luang Namtha
(Laos)

Les multiples villages qui entourent la petite ville de Luang Namtha, au nord du Laos, comptent plusieurs minorités ethniques qui ont chacune leurs traditions et leurs dialectes. Mais tout cela est difficilement visible pour le profane, à part quand les costumes de cérémonie sont de sortie. C'est alors un festival de couleurs et de codes vestimentaires qui, s'ils ne sont évidemment pas compris des profanes, permettent aux initiés de distinguer les différents groupes. La mode au service de l'identité, en quelque sorte. Le reste du temps, l'activité s'organise dans les villages autour du travail dans les champs et des multiples tâches qui permettent à la population de vivre.

Ici, on s'efforce de produire des spécialités qui distinguent les différents groupes et leur permettent ainsi de continuer à affirmer leur identité. Dans certains villages, on distille le *lao lao*, cet alcool qui, avec la Beerlao, fait la fierté du pays du million d'éléphants. Dans d'autres villages, la majorité d'entre eux d'ailleurs, des femmes de tous âges tissent du coton et de la soie et confectionnent des écharpes aux motifs magnifiques. Conditions climatiques obligent, pratiquement chaque maison est montée sur pilotis, et dans ce qui sert de préau au rez-de-chaussée sont installés tous les instruments qui permettent d'effectuer ce travail de tissage délicat, qui peut prendre pour les pièces les plus difficiles plusieurs semaines. Les plus âgées apprennent aux plus jeunes comment faire fonctionner les imposantes machines faites de bois et de ficelle, où des fils de toutes les couleurs s'entremêlent harmonieusement, perpétuant ainsi des traditions scrupuleusement et fièrement respectées.

Ce travail répétitif et usant échappe pourtant à la monotonie. Les tisserandes gardent le sourire, et profitent de leur travail pour discuter de choses et d'autres. Quelques fous rires viennent rythmer leurs journées, qui se déroulent le plus souvent dans la bonne humeur. Le travail est déjà bien assez dur, pourquoi le rendre invivable? Autant profiter de ces petits bonheurs innocents qui rythment les journées. Et puis elles savent bien que leur tâche ne s'arrête pas à ces fils entrecroisés. Une fois leur travail fini, elles parcourent parfois des dizaines de kilomètres pour aller vendre leur production, quand ce ne sont pas les marchands en gros intraitables qui viennent directement se fournir chez elles. Peu leur importe de toute façon, car ce qui compte est de pouvoir continuer à vivre ainsi, rester dans le village, et voir s'écouler lentement les jours, sans que rien ne vienne perturber leur quiétude.

Les petites mains de Luang Namtha: gardiennes d'un savoir-faire qui fait la fierté de la région.

Les marchands peuvent bien faire leur profit, elles ne s'intéressent que très peu à leur business. Tant qu'il y aura des femmes, du coton et de la soie, Luang Namtha continuera à vivre paisiblement au rythme des tisserandes.

Boten
(Laos)

Difficile de savoir exactement où se termine le Laos et où commence la Chine. À la frontière, serait-on naturellement tenté de penser. Pas nécessairement.

La route qui mène à Boten, petite ville frontalière du nord du Laos, est étonnement de bonne qualité, surtout quand on la compare avec les artères du reste du pays. C'est sans aucun doute l'une des meilleures routes que compte le Laos. Pas de tranchées traversant la chaussée, creusées par les pluies diluviennes et incessantes qui caractérisent la saison humide. Pas non plus de coulées de boue qui, à quasiment chaque virage des routes de montagne, transforment généralement les voyages en de véritables odyssées aussi épiques qu'épuisantes. Ni de nids de poule creusés par des poids lourds surchargés et qui témoignent de l'état de fatigue d'une route d'un autre âge. Enfin, on n'y rencontre pas le chaos habituel des villages, aussi agaçant que charmant quand il se répète à l'infini : jours de marché – et donc tous les jours – où la voie est totalement bloquée par des véhicules, des piétons surchargés et des animaux en tous genres, vivants ou non ; enfants ayant élu la seule route à leur disposition pour terrain de jeu, ignorant le passage des véhicules ; et bien sûr des bêtes de toutes sortes, refusant de céder ce petit bout d'asphalte aux humains et leurs engins bruyants et puants.

Toutes les routes du Laos se ressemblent, et celles au nord du pays, dans les régions difficilement accessibles où le relief est presque un défi, sont les plus pittoresques, mais aussi les plus difficiles. Chaque voyage d'une ville à l'autre est une véritable épopée, dont on se demande à chaque virage comment elle prendra fin. Mais les décors sont fantastiques, et les routes tellement mauvaises qu'on peut vraiment en profiter, puisqu'on y roule en moyenne à 20 ou 30 kilomètres à l'heure, jamais plus, à part bien sûr dans les descentes.

Quelle surprise donc de constater que la route menant à Boten ne répond à aucun de ces critères. Nul besoin de chercher loin la raison de l'étonnante qualité de cette chaussée serpentant au milieu de la jungle. La Chine voisine a, depuis quelques années, décidé de prendre en main le destin de la zone frontalière d'un petit pays qui n'a pas les moyens d'assurer par lui-même l'essentiel à sa population. Mais que représente pour un pays au taux de croissance vertigineux, désormais deuxième puissance économique mondiale et promise à un destin glorieux, une petite route à deux voies dont la longueur totale ne dépassera pas une fois terminée, c'est-à-dire quand elle permettra la jonction avec la Thaïlande après avoir traversé tout le nord du Laos, cinq ou six cents kilomètres ? Pour un pays qui construit chaque année plus de routes, de voies ferrées, de ponts ou de tunnels que l'ensemble des autres pays du globe réunis, il s'agit d'un effort insignifiant qui ne mérite même pas d'être présenté dans les plans de développement. Comme s'il s'agissait d'un travail accessoire, ce qui est bien le cas.

Le déséquilibre entre le Laos et la Chine, hier à peine visible et aujourd'hui presque effrayant, n'est nulle part plus évident que sur la route qui mène à Boten. Des camions immatriculés dans la province chinoise voisine du Yunnan transportent quantité de matériaux qui serviront à développer le réseau routier du Laos. En certains endroits, des espaces ont été mis à la disposition des travailleurs chinois, venus par milliers, et s'entassant dans des baraques préfabriquées le temps que le chantier se termine. Des *mingong*, ces paysans chinois venus trouver du travail temporaire mieux payé, et qu'on compte par millions sur les chantiers de construction des grandes villes côtières de la Chine en plein boom, qui échouent pour quelques mois au milieu de la jungle : voilà le spectacle qui se déploie dans la région de Boten.

Une fois le travail fini, ils plieront bagage et iront construire des routes ailleurs, en Chine ou dans un des multiples autres pays qui bénéficient désormais du coup de main de Pékin pour construire de nouvelles infrastructures. Certains, la majorité sans doute, resteront en Asie du Sud-Est, au Myanmar ou au Cambodge. D'autres iront s'exiler en Afrique ou au Moyen-Orient. Il y aura du travail pour tous, c'est certain. Pas question pour les Chinois en tout cas de s'appuyer sur la main-d'œuvre locale. Pékin veut bien construire des routes pour le Laos, mais à condition que la Chine s'en charge elle-même. La « mission civilisatrice » n'a pas la même signification en chinois que ce qu'elle définissait en français au XIXᵉ siècle.

La Chine investit des sommes considérables à Boten, et termine la construction de la future douane dans le style lao.

La ville de Boten est officiellement en territoire lao, mais elle est déjà entièrement chinoise. Bâtiments modernes aux façades carrelées qui brillent sous le soleil et qui, en comparaison, feraient presque de

Vientiane une bourgade poussiéreuse, des boutiques à ne plus pouvoir les compter, et des enseignes en chinois se succédant implacablement, ne laissant à la langue des Laos qu'une place accessoire, presque pour la forme et histoire de rester dans la légalité. Tout le monde parle le mandarin à Boten, ou à défaut un des innombrables dialectes du Yunnan. D'ailleurs, presque tout le monde est Chinois. Pourquoi s'embarrasser des échanges quand ceux-ci sont perçus comme un frein au développement plus que comme une opportunité?

Afin de simplifier le processus, et de pérenniser le partenariat entre les deux pays, la Chine loue depuis deux ans Boten et sa région. Durée du bail: 99 ans. Boten est ainsi une sorte de Hong Kong des temps modernes, avec pour différence, de taille, que c'est cette fois la Chine qui mène la danse. Et tout cela dans un territoire qui fut, un temps qui semble désormais bien lointain, aux marches de l'empire colonial français.

Mohan
(Chine)

La Chine compte quatorze voisins, et il est inutile de préciser ici que le Laos n'est pas le plus important d'entre eux aux yeux de Pékin. La province qui lui est directement adjacente, le Yunnan, est devenue malgré son enclavement l'une des plus touristiques en raison des multiples minorités qui la peuplent et de ses sites exceptionnels, qui en font l'un des endroits les plus attractifs de toute la Chine. Mais elle est loin d'être l'une des plus riches de l'empire du Milieu, et figure même parmi les plus pauvres.

Le Laos compte de son côté cinq voisins, et ses frontières les plus longues le séparent de la Thaïlande et du Vietnam, avec lesquels il partage plusieurs points de passage. Ses régions du nord sont par ailleurs les moins développées. Dans ces conditions, tous les éléments sont réunis pour faire de la frontière entre la Chine et le Laos un lieu un peu à l'écart du monde, sans grande importance pour les deux pays. Il est dans ces conditions d'autant plus étonnant de constater que la Chine a mis le paquet pour sa frontière, investissant dans des bâtiments flambant neufs (et encore vides) et transformant totalement la petite bourgade de

La nouvelle Mohan (l'ancienne est à quelques kilomètres) :
une ville fraîchement sortie de la jungle, accolée à la frontière.

Mohan en une véritable ville, symbole de la puissance économique de la Chine. En fait, plus qu'une transformation, c'est un agrandissement considérable qui est à l'œuvre à Mohan.

La vieille ville, située à environ cinq kilomètres de la frontière, est restée quasiment intacte, gardant toutes les caractéristiques d'une petite cité tranquille dont le quotidien est encore rythmé par le marché et les activités rurales. Mais le long de la route qui conduit au Laos, c'est une nouvelle ville qui est sortie de terre en seulement quelques années. Certes, il ne s'agit pas encore de Shenzhen, la métropole construite au milieu des marais au nord de Hong Kong dans les années 1980, et qui compte désormais pas loin de 10 millions d'habitants, un métro et des quartiers d'affaires. Mohan ne pourra même sans aucun doute jamais être comparée à ce symbole de la Chine contemporaine, mais elle incarne l'intérêt de plus en plus marqué que celle-ci manifeste pour ses voisins. Et elle impressionne aussi. J'imagine la réaction d'un des Laos – de plus en plus nombreux chaque année – passant la frontière pour venir trouver du travail temporaire dans cette Chine qui peut offrir des opportunités auxquelles il n'a même pas rêvé, et qui est pour lui une véritable promesse. Des métiers qui ne sont d'ailleurs, en soi, pas forcément plus intéressants et ni moins difficiles que ce que ces Laos ont l'habitude de faire, mais pour lesquels ils peuvent espérer recevoir des salaires nettement supérieurs à ce qu'ils gagnent chez eux.

Ils restent le plus souvent deux ou trois ans, puis rentrent à la maison, avec un bon petit paquet d'économies dans les poches. Difficile de résister quand on a grandi dans un des pays les plus pauvres de la planète. La Chine est peut-être encore un pays en développement, mais pour les Laos, elle est déjà plus que développée. Question de perspective. Une fois la frontière franchie, ils doivent se dire que Mohan est une ville importante, et pourtant peu de Chinois en ont entendu parler. Et pour cause, des villes comme

Les pétards sont là pour rappeler l'ouverture toute récente d'un nouveau Duty Free : le contraste avec le Laos est un dépaysement presque surréaliste.

celles-là, on en trouve des dizaines de milliers dans le pays le plus peuplé de la planète ! Alors forcément, une fois qu'ils arrivent dans des villes plus grandes, les Laos doivent réaliser le décalage immense qui sépare leur pays de cette Chine dont ils ne soupçonnaient pas le dynamisme et le gigantisme. Pour cette raison, et même si Mohan impressionne par rapport au Laos laissé derrière soi, comme un saut dans le temps, cette ville reste une sorte de sas, un lieu ne permettant rien d'autre qu'une acclimatation vers une certaine modernité.

Mongla
(Chine)

Le Xishuanbana, c'est le petit coin des tropiques de la Chine. Située au sud de la province du Yunnan, cette région bénéficie du même climat que les pays d'Asie du Sud-Est qui lui sont limitrophes, et l'architecture de ses temples rappelle immédiatement celle du Myanmar, du Laos ou de la Thaïlande. C'est une sorte de zone tampon entre deux mondes qui, parfois sans s'en rendre compte, échangent tellement qu'ils finissent presque par se confondre. Mongla symbolise ce mélange, à tel point qu'il est difficile de savoir au premier regard si nous sommes réellement en Chine, ou dans une ville du nord de la Thaïlande. Quelques signes distinctifs ne trompent cependant pas, et permettent de lever toute ambiguïté : Mongla est bel et bien une ville chinoise. Et ces signes ne sont, malheureusement, pas forcément à l'avantage de la petite ville, qui n'offre pas le même spectacle de charmante nonchalance que ses voisines d'Asie du Sud-Est.

L'activité règne de façon frénétique ici, sept jours par semaine, jour et nuit. Comme toutes les villes chinoises, Mongla donne l'impression de ne jamais s'arrêter, au point de fatiguer les observateurs effarés.

Des toilettes publiques trilingues, mais sans doute les plus épouvantables du monde. Bienvenue en Chine !

Et la fatigue n'est pas que celle des yeux, mais également des oreilles. Les gens parlent fort ici. Beaucoup plus fort qu'au Laos. Pas qu'ils expriment une quelconque colère, ni qu'ils soient frappés de problèmes auditifs. C'est comme ça. Les gens répondent en parlant fort à d'autres gens qui les interpellent en parlant fort. En entrant en Chine, nous faisons un douloureux saut quantitatif en décibels.

Autre signe qui ne trompe pas sur le fait que nous sommes bel et bien dans l'empire du Milieu : les crachats, presque incessants, de la part de ces messieurs (et de quelques mesdames aussi), qui donnent l'impression que toute la population souffre de problèmes de glaires. Dans les grandes villes chinoises, les panneaux installés par les autorités et rappelant que le crachat n'est pas une attitude civilisée ne cessent de se multiplier. Et lors des évènements

176

internationaux comme les Jeux olympiques de Pékin ou l'Exposition universelle de Shanghai, on n'hésite pas à sévir. Il s'agit d'offrir au monde une image de la Chine plus civilisée, pas celle d'une bande de cracheurs... Mais à Mongla, de telles préoccupations ne sont pas encore d'actualité. Ici, les cracheurs ont encore de beaux jours devant eux, les âmes sensibles sont prévenues !

L'hygiène des toilettes est le dernier signe qui montre qu'on est bien en Chine. Des toilettes publiques qui s'écrivent au collectif, sans la moindre intimité. Et le tout dans une odeur nauséabonde mêlant toutes sortes de rebus et l'ammoniac utilisé de manière abusive. Malgré cet environnement épouvantable, qui ferait presque des «pires toilettes d'Écosse» immortalisées dans le film *Trainspotting* un lieu agréable, on trouve pourtant dans ces sanitaires publics, à toute heure du jour et de la nuit, des individus prenant paisiblement leurs temps, plongés dans la lecture d'un journal. Les mauvaises odeurs ne doivent pas avoir le même effet sur les gens d'ici. Les côtés obscurs de la Chine sont presque une marque de fabrique, qu'on retrouve dans tout le pays, et qui sont d'autant plus visibles qu'on s'enfonce dans les provinces les plus reculées. Pour toutes ces raisons, Mongla est décidément bien une ville chinoise.

Kunming
(Chine)

À Kunming, capitale du Yunnan et forte de plusieurs millions d'habitants – elle serait, en Europe ou en Amérique du Nord, l'une des plus grandes métropoles du continent, tout simplement! –, on cherche à se civiliser. Voilà un objectif qui semble assez curieux, quand on prend la mesure de l'ancienneté de cette ville, symbolisée par les deux magnifiques pagodes de la dynastie Tang, une époque où les monarchies européennes n'étaient même pas encore capables de construire des châteaux forts, et où Charlemagne n'était pas encore entré dans la légende! On trouve aussi à Kunming de magnifiques temples qui témoignent du passé exceptionnel de la cité. Pourtant, on a décidé de se civiliser ici, c'est même presque une obsession.

Les textes de propagande qui tapissent les murs de la ville n'ont plus grand-chose à voir avec les *dazibaos* qu'on trouvait dispersés dans tout le pays pendant la Révolution culturelle. Les appels à la délation et à

◀ Les marchands ambulants sont omniprésents
dans les villes chinoises.

179

l'abandon des quatre vieilleries ont depuis longtemps disparu. Et les messages de Mao Zedong ne sont plus visibles qu'au hasard d'une vieille maison à moitié abandonnée dans un quartier où plus personne ne met les pieds. Les slogans désormais omniprésents, et dispersés par la volonté des autorités municipales, invitent la population à suivre la voie de la civilisation, déclinée sous toutes ses formes, la civilité étant la plus répandue.

Au menu de ces incitations, on trouve bien évidemment, comme dans toutes les autres grandes villes du pays, une invitation lancée à la population à ne plus cracher dans les rues de la métropole. Des messages semblables à ceux qui avaient tapissé les murs de Pékin avant les Jeux olympiques de 2008, et plus que bienvenus dans un pays où le crachat est presque devenu un sport national. Kunming ne veut plus que ses habitants crachent, et elle le fait savoir.

Mais la civilisation ne s'arrête pas, fort heureusement d'ailleurs, à ce détail qui, aussi déplaisant soit-il, ne saurait plonger à lui seul la ville dans le chaos. En d'autres termes, n'est pas forcément civilisé celui qui ne crache pas, ou plus exactement ne crache plus ! On trouve ainsi à Kunming de multiples autres messages, comme « respectez la signalisation routière » ou « ne klaxonnez pas sans raison », pour ne citer que ceux qui concernent la circulation routière. En Chine, comme dans la plupart des pays en développement, les propriétaires de voitures ont la fâcheuse tendance à croire que tout leur est permis, et que l'engin à quatre roues est une sorte d'ascenseur social qui élimine par la même occasion toutes les contraintes, c'est-à-dire le respect des autres! Détail amusant: aux principaux carrefours des immenses avenues qui sillonnent la ville, des agents de la circulation sont chargés d'assurer la fluidité du trafic. Jusque-là, rien de bien exceptionnel, si on ne prend pas soin de lire l'inscription sur le petit drapeau dont ils se servent pour cette activité, et sur lequel on retrouve un des slogans énoncés précédemment.

Mais les fous du volant, qu'ils conduisent une Citroën Élysée – modèle de la marque française très répandu en Chine, et uniquement en Chine d'ailleurs – ou des scooters électriques – on a aujourd'hui presque du mal à trouver des scooters roulant à l'essence dans les grandes villes chinoises, comme quoi les idées reçues restent tenaces à l'égard de ce pays champion de la pollution – ne sont pas les seuls concernés par cet effort collectif. Est ainsi expressément demandé à la population de Kunming de ne pas parler trop fort, de respecter les vieilles personnes, de ne pas jeter les ordures sur la chaussée, et plus globalement de comprendre que les bonnes manières sont l'affaire de tous.

Cependant, dans un pays qui bouge aussi rapidement que la Chine contemporaine, les slogans, même bienvenus, s'avèrent parfois insuffisants et sont très vite oubliés. Pour répondre à ce défi, la municipalité a mis sur pied une « police de la civilisation », sorte de brigade chargée de s'assurer que les bonnes manières sont respectées. En cas de non-respect des règles les plus élémentaires – et connues de tous puisqu'elles sont affichées aux quatre coins de la ville – des amendes sont même prévues pour les contrevenants. À Kunming, on ne badine pas avec la civilisation !

« Circuler de manière civilisée commence de ma propre initiative » rappelle ce panneau tenu par un policier.

Trains en Chine

La Chine dispose du plus important réseau ferroviaire au monde. Cela ne relève d'ailleurs pas de la prouesse. Après tout, la Chine est le quatrième plus grand pays de la planète, deux fois plus petit que la Russie, mais à peine plus étroit que le Canada et les États-Unis. Si on ajoute à cela le fait que c'est le pays le plus peuplé du monde, et qu'à l'exception des régions de l'ouest et du nord, la quasi-intégralité du territoire est habitable – et habitée –, il n'est pas étonnant de constater que c'est en Chine qu'on compte le plus grand nombre de kilomètres de voies ferrées.

Le réseau ferroviaire chinois est peu connu, et il surprend par la qualité de ses services, rendue possible par le saut technologique qu'il a accompli depuis quelques années. La ligne de Malev, train suspendu ultra rapide, relie Shanghai à son aéroport. La ligne qui mène à Lhassa, traversant le Tibet à une altitude excédant souvent 5 000 mètres, est également un petit bijou, en elle-même et de par la qualité de son train, avec notamment des masques à oxygène mis à la disposition des passagers pour pallier les problèmes de respiration en haute altitude. La Chine fait également partie de la courte liste des pays disposant de trains à grande vitesse, et le nombre de lignes de son réseau ne cesse de croître d'année en année. Les Allemands et les Français, mais aussi les Japonais, les trois principaux exportateurs de ces trésors technologiques, pensaient conquérir le marché chinois, mais ils furent finalement battus par un nationalisme économique agressif qui privilégia des sociétés chinoises. Peu importe les rivalités entre grosses sociétés, la Chine a désormais ses trains à grande vitesse, et elle disposera très bientôt du réseau le plus important au monde en la matière.

Mais ces quelques exemples de ce que la Chine est capable d'offrir aujourd'hui ne suffiraient pas à généraliser la qualité des trains de ce pays si le reste du réseau était d'un autre âge. Et c'est là que la Chine surprend. De manière générale, les gares sont fonctionnelles, propres et bien organisées. Un détail parmi d'autres : les passagers ne peuvent avoir accès à leur train que quelques minutes avant que celui-ci n'entre en gare. En attendant, ils sont invités (et n'ont d'ailleurs pas le choix) à patienter et à se mettre en ligne dans d'immenses salles d'attente où s'alignent les banquettes. La raison : éviter les mouvements de foule, et donc les accidents. Pas une mauvaise idée quand on prend la mesure du nombre effarant de voyageurs. Le meilleur exemple de fonctionnalité est certainement la très récente gare de Shanghai, qui ressemble à un véritable aéroport et voit défiler chaque jour un nombre impressionnant de passagers, sans que cela soit frappant.

Surprenant également, le nombre de trains, et donc la fréquence, y compris pour les très longues distances. Certains trajets se comptent en milliers de kilomètres, traversant quasiment tout le pays. Et pourtant, les trains circulent tous les jours, avec même plusieurs départs dans la même journée. La Chine ne se contente pas du plus grand réseau ferroviaire du monde, elle possède également le trafic le plus important.

On compte évidemment plusieurs classes dans les trains chinois, et les trains eux-mêmes sont plus ou moins récents. Ainsi, pour les courts trajets dans les régions reculées, il n'est pas rare de se retrouver dans un train assez vétuste au confort limité. Mais on a vu pire, y compris dans des pays développés. Le flot permanent de passagers est sans doute ce qui caractérise le plus ces trains et leur donne l'impression d'être toujours bondés. Ils se vident et se remplissent à nouveau à chaque arrêt. Sur les plus longues distances, les rames sont plus récentes, au point de donner l'impression qu'elles sont fraîchement sorties de l'usine. Les wagons de places assises y sont nettement plus confortables et propres, malgré là aussi le flot permanent de voyageurs et la mauvaise habitude des Chinois de laisser le chaos derrière eux. Le service de bord passe son temps à balayer les allées, ce qui n'est pas franchement du luxe, compte tenu de l'aberrante accumulation de détritus en tous genres. Les Chinois mangent partout, et le train ne fait pas exception, loin s'en faut.

Les trains longue distance sont surtout prisés pour les wagons couchettes, qui se répartissent en trois classes. La première se présente sous la forme de compartiments pour deux personnes. C'est le grand confort, tel qu'il est aujourd'hui impossible de le trouver dans des trains occidentaux. La deuxième classe offre des compartiments de la même taille avec des matelas très confortables, mais avec quatre couchettes. Là aussi, on ne trouve pas mieux dans les pays occidentaux. Reste la troisième classe, et là, surprise, le confort est plus que correct, dépassant même les wagons couchettes des trains européens. Le seul défaut : la promiscuité. Car il n'y a pas de compartiments. La troisième classe chinoise, celle des couchettes « dures » – qui ne sont au final pas si dures que ça d'ailleurs –, est un wagon dans lequel sont alignées des couchettes sur trois niveaux, avec pour simple séparation une mince cloison et un flot permanent de voyageurs dans le couloir au pied des lits. L'effet de surprise est garanti quand on découvre pour la première fois ces trains. Literie de bonne qualité, climatisation, service impeccable, avec notamment des fontaines d'eau chaude dans chaque wagon, propreté et ponctualité : voyager en troisième classe couchettes en Chine, c'est une expérience au final plutôt agréable. Nous ne comptons plus, mon épouse et moi, le nombre de fois où nous l'avons fait, et c'est toujours un plaisir renouvelé.

Malgré le nombre impressionnant de voyageurs, les trajets sont également étonnement calmes, la nuit en particulier. Les Chinois, pourtant si bruyants le reste du temps, se montrent plus discrets dans les trains couchettes. Il faut dire que le personnel veille avec zèle à ce que chacun respecte les lieux. Interdiction formelle de fumer ou de déranger les autres passagers, entre autres. On ne s'en plaint pas, bien au contraire. Les amendes prévues en cas de non-respect de certaines règles sont suffisamment dissuasives, et chacun a compris qu'il vaut mieux éviter de défier les autorités.

Les trains sont des lieux de rencontres en Chine, et c'est bien entendu leur caractéristique la plus mémorable. Les voyageurs étrangers sont des raretés qui justifient souvent de longues conversations. D'où venez-vous? Où allez-vous? Que pensez-vous de la Chine? Tels sont les classiques, auxquels s'ajoutent des questions plus personnelles: Quel âge avez-vous? Êtes-vous marié? Avez-vous des enfants? Votre belle-mère vous traite-t-elle convenablement? (LA question posée à toutes les femmes.) Ou encore: Combien gagnez-vous? (Cette dernière question étant sensiblement plus répandue que le classique «Que faites-vous dans la vie?» qui visiblement n'intéresse que très peu ici.)

Train chinois muni de couchettes. Le confort et la qualité des services surprennent un peu le voyageur occidental.

Les Chinois sont des gens curieux, et les longs trajets en train leur offrent des occasions d'en savoir plus sur ceux qui partagent leur vie pendant de longues heures. Alors ils apprennent à se connaître, discutent, échangent tout et n'importe quoi, et repartent en ayant fait de nouvelles rencontres, dont certaines se prolongeront peut-être au-delà du voyage. Comme ces deux jeunes gens que nous croisons, et qui se découvrent des intérêts communs. Tous deux célibataires, ils maîtrisent un peu l'anglais, et placent l'éducation au-dessus de toutes les vertus. En plus, ils habitent dans la même ville et sont originaires de la même minorité ethnique. Échange de numéros de portables, et en voilà deux qui se reverront à coup sûr! Certains repartent avec de nouveaux amis, mais nombreux sont ceux qui ont pu, le temps d'un voyage en train, apprendre des choses sur une ville ou une province qu'ils ne connaissent pas encore. Car certains usagers des trains chinois sont de véritables globe-trotters à l'intérieur des frontières de l'empire du Milieu. Les travailleurs temporaires, ces fameux *mingong,* souvent embauchés sur les chantiers de construction, ont pris l'habitude d'effectuer des trajets de longue distance pour aller chercher le travail là où il se trouve. Certains connaissent entre quinze et vingt provinces. Autrement dit tout le pays ou presque, même si leurs connaissances se limitent souvent aux gares et aux chantiers de construction sur lesquels ils restent plusieurs mois avant de repartir vers de nouvelles aventures.

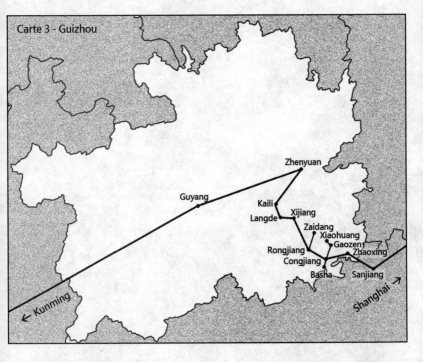

Carte 3 - Guizhou

Zhenyuan
(Chine)

Les abords de la gare offrent l'impression d'un gigantesque chaos, qui ne devrait pas s'éterniser à en juger par le nombre d'ouvriers en train de refaire la chaussée, de terminer la rénovation d'une façade, ou encore d'installer de nouveaux conduits en tous genres... Zhenyuan n'est pas la ville la plus célèbre de la province du Guizhou, qui n'est pas non plus de son côté la province la plus connue de Chine. Autant dire que tous les éléments semblent réunis pour en faire une de ces villes anonymes qui pullulent en Chine, en particulier dans les provinces dites de l'intérieur, où les mirages du développement économique se font pour le moment plus rares que sur la côte. Ce serait cependant se tromper lourdement sur le rôle de Zhenyuan dans l'histoire de la Chine, son importance culturelle et, plus récemment, la détermination des autorités à y développer l'activité touristique.

Zhenyuan compte un pont magnifique qui fut autrefois l'un des rares points de passage sur la route

◄ Les métiers ambulants restent de mise dans la Chine profonde. Ici, un affuteur de couteaux installé sur la chaussée.

menant à l'Asie du Sud-Est. Un lieu stratégique de la plus haute importance donc, quand on sait l'intérêt que la Chine a toujours manifesté pour cette région. Mais c'est surtout le complexe de temples, construit sur l'autre rive, qui lui valut ses titres de noblesse. Un ensemble parfaitement conservé et qui mérite à lui seul le détour. Mais le problème est justement là. Pendant des décennies, Zhenyuan n'avait rien d'autre à proposer aux visiteurs, le reste de la ville étant semblable à toutes ces agglomérations moyennes, tristes et ayant depuis longtemps renoncé à toute forme de protection du patrimoine.

Les choses ont changé voilà quelques années, en marge de la prise de conscience par Pékin de l'exceptionnel patrimoine culturel de la Chine, après en avoir prôné l'élimination quelques décennies plus tôt. Réalisant l'extraordinaire potentiel de Zhenyuan, les autorités locales prirent des mesures aussi radicales que spectaculaires dans leurs effets. En plus de maintenir en état les constructions anciennes – et les sauvant ainsi d'une destruction certaine – et de reconstruire, en partant de zéro si nécessaire, les vieilles demeures tombées à l'abandon, si caractéristiques avec notamment d'imposants murs d'une hauteur telle qu'ils étaient censés dissuader les voleurs de chercher à les escalader, il fut décidé de réorganiser la ville dans son ensemble. Ainsi, les autorités proposèrent de recouvrir

À Zhenyuan, les autorités encouragent la rénovation,
et parfois même la reconstruction, des bâtiments anciens.

toutes les façades des immeubles de béton pour leur
donner l'apparence de constructions anciennes, ce à
quoi s'ajouta la construction de toitures à l'ancienne,
de nouvelle chaussée, l'accès limité pour les véhicules
dans le centre-ville et des restrictions sur tous les
signes malvenus, comme les enseignes au néon généralement si appréciées des commerçants chinois.

Le résultat est pour le moins spectaculaire. Certes, l'illusion ne trompe personne, et il n'est pas difficile de faire la distinction entre les maisons anciennes, les vraies, et ces immeubles recouverts d'une façade « néo » de bon goût, mais qui ne respire pas l'authenticité pour autant. D'autant que, comme aiment le rappeler les habitants, un brin amusés, la vieille ville que peu d'entre eux ont connue autrement qu'à travers de vieilles photos comptait surtout des maisons en bois, très simples, qui contrastaient avec les « nouvelles » vieilles demeures, épargnées elles par les destructions du XXe siècle. La « nouvelle vieille ville » n'est ainsi pas inspirée de l'ancienne, et pour cause. S'il avait fallu tout détruire pour reconstruire des maisons en bois au confort plus que rudimentaire, c'était l'émeute assurée ! Sans parler du coût d'un tel chantier, et de ses conséquences néfastes sur l'économie locale.

Reconstruire une ville entière de cette taille est un défi impossible, la recouvrir de façades présentables était un objectif plus réalisable et, avouons-le, le résultat est très positif malgré tout. On se prendrait presque à rêver que la multitude des villes anonymes de Chine se mette à suivre l'exemple de Zhenyuan, et fasse entièrement peau neuve. Et quand on voit l'obsession nouvelle et presque maladive de la Chine pour la mise en avant de son patrimoine, on peut se dire que cela ne tient finalement pas de l'impossible !

Kaili
(Chine)

Des contrastes en Chine, en voulez-vous en voilà ! À une heure trente en train de Zhenyuan, Kaili est presque son contraire. Dès la sortie de la gare règne une atmosphère de chaos inexplicable. Pas que la ville soit particulièrement étendue ou démesurément peuplée. Pas qu'il s'agisse non plus d'un de ces carrefours incontournables par lesquels transitent des denrées venues de toutes les contrées.

Kaili est une de ces villes dans lesquelles les minorités vivant dans le Guizhou viennent pour ensuite repartir vers d'autres régions, le plus souvent pour trouver du travail. C'est pour ces gens descendus de leur montagne, et à peine sortis de leur village paisible, le premier choc, violent, avec ce que nous appelons souvent de manière excessive la civilisation. Ils y découvrent le plus souvent effarés des véhicules de toutes tailles et de tous âges, un vacarme assourdissant et les odeurs pour eux inédites d'une pollution atmosphérique insupportable. Le tout dans un décor sans âme, sans couleur, entouré d'immeubles tristes que l'épaisse couche de poussière rend encore plus insignifiants. On se demanderait presque pourquoi

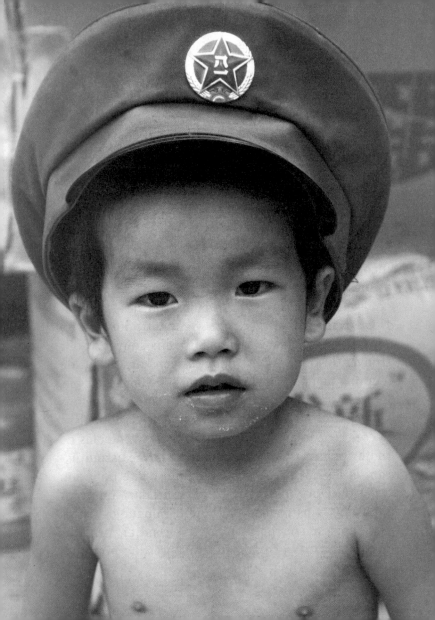

ils ne cherchent pas à repartir le plus vite possible, pourquoi on le les voit pas remonter dans le petit bus bondé qui les a péniblement amenés jusque dans les faubourgs de cet enfer, et rentrer dans leur pays encore miraculeusement épargné par cette modernité si étrange. On se le demande à les voir, perdus dans cet univers dont ils ne connaissent rien, arborant pour les uns leur plus beau costume, qui contraste de manière si forte avec le reste, et pour d'autres, déjà, la panoplie de ces anonymes ayant perdu leurs repères, costume brun pour les hommes, et à peine plus de fantaisie pour les femmes. Des êtres dégénérés par une Chine qui tourne trop vite pour eux, et qui ont déjà perdu cette petite lueur dans le regard qui témoignait de leur innocence.

Seule leur connaissance rudimentaire d'une langue dont on leur a imposé la pratique et un accent aux sonorités exotiques trahissent leurs origines. Les minorités sont en surnombre à Kaili, et composent cette population de passage, les uns transitant vers les grandes villes et répondant à des promesses dont la plupart ne seront jamais tenues, les autres revenant retrouver dans leur univers l'authenticité et la simplicité sans lesquelles ils ne seraient rien.

◀ Dans la Chine profonde, loin des tycoons des villes côtières, les carrières dans l'armée ou l'administration sont encore considérées comme des promotions sociales.

À quoi rêvent les enfants de Kaili? À cette Chine immuable et féérique, ou à cette Chine en mouvement, ivre de vitesse et de sensations fortes?

Nous n'avons pas l'intention de nous attarder dans cet enfer, et on pourrait d'ailleurs se demander s'il existe quelqu'un qui s'y attarde. Ce qui fait de la Chine un pays à part, c'est aussi cet assemblage de lieux et de personnages exceptionnels avec un marasme qui semble tout emporter sur son passage et ne laisse plus la moindre place au rêve. Des villes comme Kaili, nous en avons traversées des dizaines, parfois en transit, parfois passant à la vitesse d'un train ne s'arrêtant que quelques minutes en gare ou d'un bus freinant à peine dans les rues polluées du centre-ville. Et chaque fois nous sommes repartis avec la même impression que la Chine est à la fois capable du meilleur comme du pire.

Langde
(Chine)

L'enfer et le paradis ne sont parfois séparés que par une distance insignifiante. La beauté côtoie la laideur, et rayonne d'autant plus à son contact qu'elle refuse de céder, offrant une résistance héroïque, souvent vouée à l'échec, et se battant jusqu'au dernier souffle. Voyager, c'est aussi parcourir ces distances et mesurer des décalages qui semblent à première vue insignifiants.

À peine avons-nous dépassé les tristes barres d'immeubles et le chaos de Kaili que la campagne du Guizhou reprend ses droits, et impose ses critères. Ici, plus question de détruire et de défigurer. Ici, c'est l'homme qui doit apprendre à vivre avec son environnement, et non l'inverse. Ici, les minorités qui paraissaient presque ridicules dans le centre d'une ville trop périphérique redeviennent les glorieuses nations qui connaissent tous les secrets de la nature. Dans le minibus hors d'âge qui nous transporte vers Langde, et qui n'a quitté la gare routière qu'une fois rempli (c'est-à-dire bondé), nous retrouvons le sourire. Les villages cohabitent harmonieusement avec les montagnes et les forêts qui les entourent, comme s'ils étaient invités,

Pas de place pour la modernité dans les petits villages des minorités,
où la vie s'écoule au rythme paisible des saisons.

autorisés à rester dans un décor somptueux, à condition bien entendu d'en respecter les règles les plus élémentaires.

On trouve toutes sortes de minorités dans les environs, mais ce sont les Miao, qui s'appellent entre eux Hmong, qui composent l'essentiel de la population dans la région au sud-est de Kaili. Les Miao occupaient autrefois des territoires plus vastes, et vivaient dans les vallées du sud de la Chine, mais les persécutions des Han les poussèrent inexorablement à s'installer dans des régions plus reculées, dans des montagnes plus inaccessibles où ils purent entretenir leurs traditions sans un contact trop fort avec le reste de la Chine. Aujourd'hui, les minorités sont à la mode dans le pays le plus peuplé de la planète. Elles sont devenues une sorte de caution à la diversité pour un peuple composé à plus de 90 % de Han. Fini les massacres et les guerres dont l'objectif était de chasser ces peuples indésirables des terres arables, quitte à les exterminer si nécessaire. Les minorités chinoises sont aujourd'hui respectées, ou plutôt tolérées, le respect se limitant finalement à un droit d'existence, et guère plus. Mais quand on porte un regard sur l'histoire tragique de ces nations encore quasi inconnues du reste du monde il n'y a pas si longtemps, on peut se dire qu'il s'agit d'une évolution remarquable. Et quand on regarde la manière dont les Hmong sont encore aujourd'hui traités au Laos voisin, on ne peut que penser que leur sort n'est pas si terrible après tout dans cette Chine qui s'est auto-proclamée plurielle.

Les minorités chinoises bénéficient d'un droit particulièrement précieux dans la Chine contemporaine, celui de ne pas devoir se plier à la loi sur l'enfant unique. Certes, des autorisations doivent encore être obtenues auprès des autorités locales pour avoir plus d'un enfant, et elles sont rarement délivrées au-delà de deux, mais là encore, on peut considérer que les minorités sont privilégiées. Pas étonnant donc de voir courir dans tous les sens des enfants dans les villages que nous traversons, et qui, au fur et à mesure que les kilomètres sont avalés par notre véhicule de plus en plus bondé d'êtres vivants de toutes races, nous paraissent de plus en plus jeunes. Les minorités sont la jeunesse de la Chine contemporaine, et c'est la première chose qui frappe celui qui vient à leur rencontre. Là s'arrête leur traitement de faveur, car pour le reste, les peuples non Han de Chine sont rangés au registre du folklore plus que celui d'une diversité ethnique assumée.

Dans cette autorisation qui leur est accordée de vivre en respectant leurs coutumes, les peuples minoritaires font cependant face à un autre fléau, beaucoup plus cruel et fatal : la modernité. L'extension du réseau routier, le téléphone portable – collé à l'oreille de tout chinois, de l'homme d'affaires au paysan crasseux –, la télévision et, plus que tout, le développement à grande vitesse du tourisme (presque exclusivement intérieur) modifient lentement, mais de manière irréversible le mode de vie des peuples des montagnes qui vivaient hier encore en marge du monde. Les jeunes quittent dès qu'ils le peuvent les villages, choisissant une vie d'anonyme dans de grandes villes déshumanisantes, mais où ils ont le sentiment d'être au centre du monde, et où ils peuvent surtout trouver du travail qui leur permet d'envoyer chaque mois des mandats à leur famille restée au village. Ils laissent derrière eux un univers dont ils ne veulent plus comprendre le sens, et se sinisent volontairement, alors que leurs ancêtres se sont battus avec tant d'ardeur pour résister aux invasions chinoises.

Le péril ne serait pas si imminent si cette Chine obsédée par la modernité ne s'invitait pas désormais dans les villages les plus reculés. Peut-on cependant s'opposer au développement au nom d'un souci égoïste de la préservation d'un patrimoine menacé ? Bien sûr non. Les conditions de vie des Miao, comme des autres minorités de cette Chine du Sud aux multiples couleurs, sont sans doute infiniment meilleures aujourd'hui qu'hier, mais il faudra rapidement trouver un équilibre entre la modernité et la tradition, au risque de voir soit ces villages construits en communion avec la nature disparaître implacablement, soit devenir des sortes de musées à ciel ouvert où les habitants deviennent des figurants de leur propre existence, mimant les gestes de leurs ancêtres pour séduire les photographes amateurs et singeant des danses rituelles au sens profond pour amuser des

touristes en quête d'un exotisme *soft* et n'ayant ni l'envie ni le temps d'en percer les mystères.

Le tableau n'est évidemment pas toujours aussi sombre. Quand les risques sont évalués par les habitants des villages eux-mêmes, ils sont combattus avec plus de subtilité, et la modernité est alors vécue comme une occasion d'optimiser ce qui existe déjà, sans devoir opérer de gigantesques révolutions qui balaieraient tout sur son passage. Et puis on sait ici, pour avoir subi de la plus terrible des manières les dérives de la Révolution culturelle, combien il est important de ne pas anéantir ce qu'il a fallu des siècles à bâtir.

Le minuscule village de Langde, peuplé de Miao, est un bon exemple de cet équilibre, qui reste précaire et pourrait basculer à tout moment, mais permet à un village reculé, dans un environnement naturel exceptionnel, de conserver ses traditions sans pour autant se couper du reste du monde. Quelques-unes des imposantes maisons traditionnelles construites sur trois niveaux ont été reconverties en chambres d'hôtes au confort sommaire, mais suffisant. Les visiteurs sont donc les bienvenus, et les Miao sont d'ailleurs, comme les autres peuples minoritaires de la Chine du Sud, particulièrement accueillants, et leur hospitalité

◂ L'hospitalité des minorités n'est pas qu'une légende et elle s'exprime le plus naturellement du monde.

légendaire se mesure dès les premiers contacts. Dans la journée, et comme dans les autres villages, pratiquement tous les adultes sont dans les rizières à flanc de colline, ou partis vendre leurs produits dans la vallée. Ne restent que les anciens, qui, loin d'être oisifs, s'activent de multiples manières pour participer du mieux qu'ils peuvent aux travaux domestiques. La plupart portent encore leurs costumes traditionnels, sobres dans un jour comme celui-ci, sans fête ni célébration, mais affichant fièrement leur identité. Les codes vestimentaires sont particulièrement importants dans les minorités, et ils ne sont jamais le fruit du hasard.

Il se dégage de ce lieu une impression de quiétude qui contraste avec l'enfer de Kaili et des villes anonymes, temples de la pollution multiforme qui parsèment les vallées. Ici, les peuples minoritaires sont les héros d'un monde qui changera selon leur bon vouloir et s'adaptera au rythme qu'ils auront choisi. Une utopie, argueront les plus pessimistes et les ignorants qui ne voient dans ces minorités rien d'autre que des statistiques, mais une réalité si on leur laisse la chance de choisir leur propre destin.

Xijiang
(Chine)

De tous les villages Miao du sud-est du Guizhou, Xijiang est sans doute l'un des plus étendus (on parle quand même de plus de 10 000 habitants), mais aussi l'un des plus célèbres. Il faut pourtant du courage pour s'y rendre. La route qui mène à ce cul-de-sac perdu dans de minuscules vallées traverse montagnes et gorges, offrant des paysages exceptionnels, ou effrayants si on ne tient compte que de l'état du bus, par ailleurs bondé de passagers et de bagages innombrables, dont certains vivants. Volailles en tous genres, et parfois même porcins, s'agitent ainsi dans des paniers entassés entre les passagers, quand ces derniers ne sont pas tout simplement assis dessus.

Il faut aussi s'armer de patience. Le trajet met entre deux et trois heures, et beaucoup plus par jour de pluie, quand la route devient particulièrement dangereuse. Il arrive même, assez souvent, que le bus ne parte tout simplement pas, faute de suffisamment de passagers, ou si le chauffeur, dans un éclair de lucidité – rare – estime que la météo rend le voyage trop dangereux. Dans ce cas, il n'y a pas d'autre solution que de s'embarquer sur une petite moto, sans casque bien

207

Sur les hauteurs d'une des collines de Xijiang,
le spectacle est exceptionnel.

entendu, et de rouler pendant deux bonnes heures au milieu de nulle part, en faisant confiance à un chauffeur qui semble manier correctement son engin, mais n'a pas non plus l'air d'être le pilote le plus sûr de sa génération.

Mais la récompense est à la hauteur de l'effort : Xijiang est un de ces endroits magiques qu'on assimile presque à un rêve, et qu'on regrette d'avoir pris tellement de temps à visiter. Étalée sur plusieurs collines, cette Rome du peuple Miao est aujourd'hui préservée. Il faut d'ailleurs aux visiteurs n'appartenant pas aux minorités payer un droit d'entrée, contribution modeste à l'entretien de l'essentiel et au respect des traditions. L'argent va-t-il vraiment aux habitants ? Rien n'est moins sûr, tant les cas de corruption et d'abus de pouvoir sont courants en Chine. Mais au moins, on peut se dire qu'avec un tel système, les visiteurs comprennent qu'ils entrent dans un lieu qui doit inspirer le respect. C'est mieux que rien, même si c'est bien sûr très insuffisant. D'ailleurs, tous les visiteurs (exclusivement des Han) ne semblent pas vraiment prendre la mesure du lieu dans lequel ils se trouvent et imposent leur mode de vie décalé comme ils le feraient en visitant Disneyland. Dans les ruelles du gigantesque village, les étrangers sont peu nombreux. À peine remarque-t-on çà et là quelques voyageurs qui ont su trouver leur chemin, et l'effort qu'ils ont fourni s'accompagne généralement d'une ferme volonté de découvrir les minorités, et de les respecter.

On ne peut malheureusement pas en dire autant des Han. Pour commencer, ils n'utilisent pas les transports en commun pour venir jusqu'ici, et à l'exception de quelques courageux, ils se refusent à partager leur trajet avec les minorités, ne comprenant pas qu'ils ratent là une expérience unique qui pourrait, s'ils étaient moins englués dans leur arrogance, leur ouvrir les yeux sur les merveilles de leur propre pays. Ils privilégient donc des voyages organisés, ce qui leur épargne entre autres de devoir se souvenir du nom des lieux qu'ils traversent. Le programme de leur visite qui s'étale généralement sur deux jours, avec une arrivée dans d'imposants bus multicolores en début d'après-midi et un départ vers d'autres contrées visitées au pas de course le lendemain matin (et donc moins d'une journée sur place), est toujours le même. Ils assistent d'abord à un spectacle de danse des minorités qu'ils apprécient le regard réjoui comme on s'amuserait de singeries. Vient ensuite un passage éclair sur un des points de vue offrant un panorama unique sur le village, et dont le principal intérêt pour eux consiste à enfiler un costume de minorité (sans se demander laquelle, bien entendu) et à se faire photographier dans une pause ridicule, comme pour immortaliser leur médiocrité. La journée se poursuit par une visite qui ne semble pas vraiment les intéresser d'un minuscule musée de la culture Miao, qu'ils bâclent pour pouvoir se ruer au plus vite dans les quelques boutiques de souvenirs. Le point d'orgue de leur séjour reste le karaoké très arrosé du soir, pour le plus grand malheur des riverains qui subissent leurs prestations aussi décomplexées qu'assourdissantes.

Nous croisons une de ces hordes aux différents stades de sa tournée mémorable. Il s'agit d'un groupe composé d'une quinzaine d'hommes quinquagénaires, tous accompagnés de jeunes femmes qui pourraient être leurs filles. À les entendre, on comprend rapidement qu'il s'agit d'hommes d'affaires (l'intérêt de cette fonction étant qu'elle ne veut absolument rien dire) venus des grandes villes chinoises (dont nous n'avons jamais entendu parler, mais il y a tant de grandes villes en Chine), et qui profitent de quelques jours dans la Chine reculée en compagnie d'une maîtresse, sans doute inscrite au programme, tandis que leurs épouses sont restées à la maison, occupées à repasser leurs chemises et à élever les petits empereurs qu'ils leur ont collés dans les bras, et qui perpétueront le nom glorieux de leur père. Ces personnages singuliers offrent un tel spectacle qu'on en oublie presque de rester concentrés sur les Miao.

De leur côté, ils semblent beaucoup plus intrigués par le fait de croiser la route d'étrangers que de visiter un lieu exceptionnel dont ils ne retiendront de toute façon pas grand-chose. Sans doute les affaires ne sont-elles pas suffisamment bonnes pour leur permettre de se joindre à un tour en Europe ou en Amérique du Nord, et ils doivent se contenter de la Chine profonde, qui visiblement les amuse au début, mais les lasse rapidement. Heureusement que leurs hôtesses ne les quittent pas d'une semelle, et que l'alcool coule à flot. Et heureusement aussi qu'il y a à Xijiang quelques étrangers qu'ils peuvent venir importuner en faisant l'étalage de leur riche vocabulaire en anglais, qui se

limite pour la grande majorité à *Hello* et *Thank you*, tandis que les plus érudits y ajoutent un *Sorry*. Ils font bien de s'excuser d'ailleurs! C'est là la seule marque de lucidité qu'ils expriment, bien malgré eux. On ne leur en veut pas trop, ils ne sont pas vilains après tout, juste un peu décalés dans ce monde qui semble encore préservé des vices de cette modernité qui gagne jour après jour les contrées les plus reculées de la Chine, et transforme peu à peu non seulement les paysages, mais aussi et surtout les sociétés.

◀ Un sac de riz comme siège et un cochon dépecé comme voisin : les transports en commun des villages ne s'embarrassent pas de petits détails. Mais tout cela n'empêche pas la coquetterie !

Rongjiang
(Chine)

Les Chinois se déplacent beaucoup, et il suffit de voir à quel point trains et bus sont perpétuellement bondés pour s'en rendre compte. Pendant les périodes les plus critiques, comme le Nouvel An chinois, on estime que ce sont plus de 300 millions de personnes qui se retrouvent simultanément dans les transports, à voyager de province en province. Le reste de l'année, le trafic n'en demeure pas moins saturé. Ces déplacements se traduisent logiquement par une multitude de petits hôtels qui envahissent les bâtiments à proximité des gares ferroviaires et routières. À tel point qu'on se dit à première vue qu'il n'y a rien de plus facile que de trouver un endroit où dormir dans des villes qu'on ne fait que traverser, avant de repartir au plus vite vers d'autres cieux. C'est cependant se tromper sur une règle étonnante qui rappelle à ceux qui l'auraient oublié trop vite que la Chine est un pays autoritaire dans lequel les allées et venues des

◄ En Chine, on trouve tous les types de transports et chacun y trouve sa place.

visiteurs sont enregistrées, quel que soit le lieu dans lequel ils se trouvent.

Ce contrôle permanent ne saute pas aux yeux, mais il est omniprésent. Et les hôtels jouent un rôle essentiel à cet égard. Les clients sont reportés sur des registres ensuite communiqués aux autorités locales. Pour cette raison, tous les hôtels ne sont pas accessibles aux étrangers. Cette situation ne pose pas de problèmes dans les grandes villes et les lieux les plus touristiques du pays, où l'habitude de voir passer des étrangers a imposé tout naturellement aux hôtels de s'adapter et d'être en mesure de communiquer à la sécurité publique le nom de leurs clients. Ainsi, l'immense majorité des touristes qui voyagent en Chine ne prennent pas la mesure de ce système (sans compter que la majorité des étrangers voyagent en tours organisés et sont des passagers de la Chine plus que des explorateurs).

Dans les petites villes peu visitées comme Rongjiang (une de ces cités anonymes presque perdues au milieu d'une région exceptionnelle où on se contente de passer pour explorer les environs), il est parfois très difficile de trouver une enseigne « qualifiée », et c'est souvent un seul hôtel qui est ouvert aux étrangers – quand il y en a un ! Ce monopole se fait payer cher, et les prix de ces hôtels sont souvent au moins le double de ceux d'autres enseignes dans la même rue, sans que la qualité ne justifie un tel écart. Voilà comment des contraintes administratives qui paraissent d'un autre âge, associées à ce terrible fléau qu'est la corruption au niveau local, se traduisent en discrimination à l'égard des étrangers.

Mais la Chine est un pays où tout ce qui semble interdit reste possible, à condition de savoir ouvrir l'œil, et de prendre le temps d'entrer en contact avec la population. À Rongjiang, comme dans de multiples autres petites villes – entendons ici que «petites» se traduit ici par plusieurs dizaines de milliers d'habitants, et même sans aucun doute un peu plus –, des hôtels acceptent d'ouvrir leurs portes à des visiteurs étrangers sans les enregistrer. Les touristes (quand il y en a) peuvent ainsi trouver un hébergement à un prix considérablement plus attractif, et le propriétaire de l'hôtel est évidemment également gagnant. La règle à respecter avec soin dans ce cas est celle de la discrétion. Car si les touristes ne risquent pas grand-chose, et peuvent toujours arguer du fait qu'ils ne connaissent pas les règles chinoises, se plaçant ainsi du côté des victimes, les établissements s'exposent à de fortes amendes s'ils sont dénoncés. Leur reste donc la possibilité de s'assurer que les responsables locaux ferment les yeux sur ce trafic peu nuisible, généralement à l'aide de pots de vin. L'autre possibilité, quand ils peuvent communiquer avec eux, consiste à

demander aux étrangers d'éviter d'être trop « vus » en entrant dans l'hôtel, tout en leur expliquant que ce petit sacrifice n'est pas grand-chose en comparaison avec l'économie substantielle qu'ils font en évitant de descendre dans l'hôtel « officiel ». Porter la casquette, éviter de parler trop fort dans une langue étrangère devant l'établissement, ou encore de crier sur tous les toits le nom de l'hôtel dans lequel on réside sont ainsi les règles les plus élémentaires permettant à chacun de trouver son compte.

Quand les visiteurs sont asiatiques, peu importe leur nationalité, et même s'il s'agit de leur premier séjour en Chine, pays dont ils ne parlent par ailleurs pas un traître mot de la langue, les choses sont en revanche plus simples. Personne ne prend la peine de leur demander d'où ils viennent. Voilà comment la Chine « s'approprie » tous les étrangers asiatiques, en les acceptant dans les hôtels où les autres touristes ne sont officiellement pas admis.

Mon épouse se sert de ses origines du Hunan pour se faire accepter comme une Chinoise d'outre-mer. Mais il m'est évidemment impossible de me faire passer pour un Asiatique. En parcourant les rues de Rongjiang, errant dans les allées de son marché coloré (qui constitue son principal attrait), je constate

◄ Le mah-jong, avec les échecs chinois, est le jeu le plus pratiqué.

même – ce qui ne me surprend pas – que je suis le seul non-Asiatique, et que j'attire en conséquence tous les regards des curieux. C'est à croire que tout le monde en ville me connaît, puisqu'on me reconnaît, me salue gentiment et questionne sans cesse mon épouse à mon propos. Voilà une impression qui n'est pas nouvelle pour moi, et qui fit même partie de mon quotidien pendant des années à Taiwan. Mais quand on veut rester discret et ne pas échouer dans cet hôtel lugubre et hors de prix pour les étrangers qui constitue la seule option « légale », ce n'est pas forcément un avantage. Reste donc les stratagèmes proposés par le sympathique patron de notre hôtel, que nous mettons à l'épreuve avec précaution afin de ne pas causer de problèmes à nos hôtes.

Zaidang
(Chine)

Elles sont toutes venues parées de leurs costumes les plus beaux et de leurs bijoux les plus précieux, cliquetant au gré de leurs pas dans les ruelles étroites. Le visage légèrement fardé, un peu timides, elles se regroupent au centre du village, au pied de la tour du tambour qui marque leur identité, comme le ferait un clocher d'église ou un minaret dans d'autres contrées. Comme dans tous les villages dong du sud-est du Guizhou, cette bâtisse de bois à l'architecture raffinée et ornée de multiples couleurs domine les autres constructions.

Elles chuchotent quelques mots dans la langue de leurs ancêtres, puis se disposent l'une à côté de l'autre, formant un arc de cercle, et commencent à entonner des chansons traditionnelles de leur voix pure, alternant le chœur et quelques solos. Âgées de huit à quatorze ans, elles sont nées et ont toujours vécu dans ce petit village difficilement accessible et totalement inconnu. La route la plus proche est située à plus de cinq kilomètres dans la vallée, et le sentier qui serpente dans la montagne, suivant un petit cours d'eau et quelques rizières, est à la merci de la nature et de ses caprices.

Représentation unique et privée au milieu d'un village presque inaccessible. Un moment de pur bonheur.

Zaidang est un petit village des minorités du Guizhou, comme il y en a tant d'autres, comptant les jours à l'abri des regards, le plus souvent cachés dans les montagnes où la civilisation les a encore épargnés. Mais la survie de leurs traditions est un combat permanent. Les petites filles de Zaidang sont bien placées pour en parler. Leurs parents sont presque tous partis travailler dans les grandes villes, à plusieurs milliers de kilomètres, et ne reviennent qu'à l'occasion des fêtes du Nouvel An. Elles ne les voient donc qu'une fois par an, au point que ces parents dont elles ont sans doute pleuré le départ sont peu à peu devenus des étrangers.

Les adultes qui sont restés sont astreints à des corvées permanentes. Le travail dans les rizières bien sûr, qui rythme les saisons, mais aussi les réparations dans les maisons, et bien entendu d'incessantes réfections de la chaussée du sentier, ce cordon ombilical sans lequel Zaidang serait véritablement coupé du monde. Ils sont d'ailleurs plusieurs dizaines en train de concasser de gros cailloux, de creuser des petites tranchées sur le bord de la chaussée, ou de remplir les trous que les intempéries ont lentement laissés derrière elles. Chacun sait ce qu'il a à faire, et le travail ne manque pas. Et puis il y a les vieux. Comme dans tous les villages de Chine, qu'ils soient ou non peuplés de minorités, les vieux sont en surnombre, exode oblige. Ce sont eux qui prennent soin des plus jeunes, et assurent leur éducation quand les parents ne sont pas là, pour ne pas dire en permanence. Ils sont des sortes de gardiens du village en l'absence de ceux qui, dans la force de l'âge, préfèrent partir, ou n'ont tout simplement pas d'autre choix pour nourrir leur famille. Ils sont également ceux par lesquels la transmission des traditions est rendue possible.

Pas étonnant que la professeure de chant de ces jeunes artistes soit une grand-mère, à l'âge difficile à déterminer. Le dos courbé par les efforts de toute une

vie, le visage buriné par des journées entières passées dehors. Mais quand ses jeunes protégées se mettent à chanter, elle semble soudain retrouver toute sa splendeur, au point qu'on dirait presque qu'elle rajeunit. Elle scrute les mouvements de chacune des interprètes et tend l'oreille pour s'assurer que les leçons ont été bien retenues. Les jeunes filles la regardent avec un immense respect et une tendresse plus grande encore. Elles savent mieux que quiconque que cette grand-mère est un personnage important à Zaidang, et que sans ses enseignements, c'est tout l'héritage du village qui pourrait disparaître. Mais la vieille peut être fière d'elle-même. La relève est désormais bien assurée. D'ailleurs, il est probable qu'avant ces jeunes filles, elle ait enseigné les chansons traditionnelles à leurs aînées, à leurs mères même. Quand elles reviendront finir leurs vieux jours dans le village, et replonger dans des traditions laissées entre parenthèses pour les besoins d'une modernité aussi grisante qu'implacable, elles pourront à leur tour déployer leurs derniers efforts pour les générations futures. Sans doute parmi elles figure-t-il la future doyenne qui dispensera ses enseignements et regardera ses jeunes protégées avec la même satisfaction du devoir accompli.

◂ Le regard rempli de fierté de la professeure sur ses jeunes élèves. Les traditions se transmettent grâce à ces héros de l'ombre.

C'est ainsi que les traditions demeurent dans des cultures sans écriture, où tout se transmet oralement. En attendant, la vieille grand-mère et les jeunes filles portent sur leurs frêles épaules l'héritage de leur village. Elles sont les gardiennes des traditions de Zaidang. Alors quand elles voient passer des étrangers, ce qui n'arrive que bien rarement, elles proposent d'elles-mêmes d'entonner quelques chants, pour une représentation improvisée qu'elles exécutent avec une grande fierté. Pour partager, tout simplement.

Et quand les étrangers repartent, émus, forcément émus, elles leur demandent simplement de se souvenir que chez les Dong de Zaidang, les traditions ne sont pas prêtes de s'éteindre, et qu'elles continueront de rayonner tant qu'il y aura des vieilles femmes passionnées et des jeunes filles courageuses.

Congjiang
(Chine)

Les Chinois sont-ils tous fumeurs ?

Si on limite cette question à la gent masculine – soit plus de la moitié de la population dans un pays où la règle de l'enfant unique et le culte des ancêtres combinés ont des effets aussi spectaculaires qu'inquiétants –, en considérant que la grande majorité des femmes ne fument pas, on peut pratiquement répondre de manière positive. Et plus on s'enfonce dans la Chine profonde, plus cette impression se confirme. Dans les grandes agglomérations tournées vers l'avenir, les campagnes de sensibilisation sur les dangers du tabac se sont multipliées, comme dans le reste du monde, et les jeunes générations sont moins portées sur la cigarette que n'ont pu l'être leurs parents. Mais dans les petites villes reculées, comme Congjiang, les habitudes – qu'elles soient bonnes ou mauvaises – ont la vie dure.

Le principal problème avec les Chinois en ce qui concerne la consommation de tabac est qu'ils partent du principe que, comme tout le monde est fumeur, on peut donc en toute quiétude fumer absolument partout. Dans les lieux publics – des interdictions

comparables à celles des pays occidentaux provoqueraient sans doute des émeutes, preuve qu'on peut vivre dans l'oppression, mais à condition d'avoir ses petites libertés –, mais aussi dans les transports, et même quand des panneaux en marquent pourtant l'interdiction. D'ailleurs, comme le chauffeur est lui-même toujours fumeur (cherche chauffeur de bus chinois non-fumeur désespérément...), et qu'il brûle les cigarettes l'une après l'autre, comme s'il estimait que son périple pourrait être le dernier, pourquoi se gêner ? Ils fument dans les restaurants, dans les chambres d'hôtels, et même dans les toilettes publiques...

L'odeur de l'Inde, superbement racontée par Pasolini, était celle de mille épices et parfums mêlés pour le plus grand plaisir des aventuriers en quête de saveurs inconnues et d'un exotisme exaltant tous les sens. En comparaison, l'odeur de la Chine pourrait être celle des effluves de tabac de mauvaise qualité, mélangées à l'insupportable odeur de tabac froid qui semble s'incruster partout.

Dans les campagnes, les cigarettes se font plus rares et sont remplacées par des pipes dont la forme et la taille sont parfois des indicateurs précieux sur les origines ethniques, que seuls les autochtones et quelques spécialistes sont capables de déchiffrer. À

◄ La pipe : l'objet incontournable des minorités du Guizhou.

Congjiang, où les villages de multiples minorités ne sont distants que de quelques kilomètres, mais où le port du costume traditionnel se fait déjà rare ou désuet, ces petits objets sont parfois le seul moyen permettant de savoir quelle est l'origine ethnique de nos interlocuteurs. Comme s'il s'agissait de la dernière petite touche d'authenticité qu'ils n'ont pas laissée derrière eux.

◀ Dans les villages et les villes moyennes, tous les hommes fument, de la cigarette à des pipes aux formes insolites.

Basha
(Chine)

Que deviennent les guerriers une fois que les guerres sont terminées ?

Certains peuplent les cimetières militaires, joliment fleuris et bien entretenus, mais dans lesquels ne passent que quelques rares touristes, des veuves accompagnées de leurs « pupilles de la nation » et des groupes de vétérans venus rendre un dernier hommage à leurs frères d'armes tombés au champ d'honneur. Les survivants repartent chez eux, la fierté d'avoir accompli leur devoir en bandoulière, ou tentant d'effacer les images de tueries qui les hanteront jusqu'à leur dernier souffle. D'autres sont si marqués par le conflit auquel ils ont participé qu'ils choisissent de rester sur place et de changer de vie, réalisant sans doute que le retour serait encore plus difficile que tout le reste.

Forcément, quand la guerre a lieu à la maison, de telles questions ne se posent pas de la même manière. Pas de retour, pas de nostalgie ou de traumatisme d'un autre lieu incarnant à lui seul le conflit. Le traumatisme fait partie du quotidien, alors qu'on le veuille ou non, il faut apprendre à faire avec. Quant à la nostalgie, elle s'oublie vite, tant les travaux de reconstruction et de remise en place de toutes les fonctions vitales du village reprennent le dessus. Pas de temps pour se pencher sur les exploits ou les défaites. Pas de temps pour porter un regard nostalgique ou effrayé sur ce qui s'est passé. Dans les villages des minorités, Basha ou d'autres, il y a tant à faire qu'on ne se pose pas trop de questions. Les hommes du village n'ont plus guerroyé depuis longtemps, faute de trouver un ennemi clairement identifié. Pendant des siècles, l'ennemi c'était le Han qui vivait dans les vallées et se faisait de plus en plus envahissant. Mais ça fait longtemps que le Han s'est définitivement imposé, grâce à un rapport de force totalement déséquilibré, et qu'il a contraint les habitants de Basha à se mettre au diapason, et à faire taire les armes.

Les armes justement, on sait les manier dans le village perché sur les crêtes. Et l'arme incontournable c'est la machette, comme dans toutes les minorités du Guizhou, même si elle sert plus souvent d'outil que d'engin létal. C'est cependant surtout le fusil qui est une véritable marque de fabrique ici et fait la fierté de Basha. Des fusils très longs, très lourds aussi, rudimentaires comme on peut aisément l'imaginer dans cette région pauvre de la Chine, mais qui étaient parfaitement maîtrisés par ceux qui les

détenaient, au point d'en faire des armes de combat redoutables, qui permirent de repousser pendant longtemps l'avance des Han. Perchés sur leurs crêtes inaccessibles, dans des chaînes de montagnes longtemps infranchissables pour ceux qui n'en connaissaient pas les multiples secrets, les peuples des minorités avaient l'avantage du terrain, mais aussi celui des armes. Et face à leurs canons précis, les longues piques des armées impériales essuyèrent bien des défaites avant de s'adapter, et finalement d'écraser cet ennemi récalcitrant.

Les combattants se sont aujourd'hui reconvertis. Faute de guerroyer, il faut bien s'occuper. Certains sont devenus des bâtisseurs de maisons, maniant la machette pour construire, et non plus pour détruire. D'autres, chevauchant leurs motos, sont devenus les passerelles entre le village et la vallée, transportant tout ce qui mérite de l'être, des passagers aux biens de consommation, en passant par les nouvelles d'un monde qu'ils ne connaissent que trop mal, et qu'ils ne souhaitent pas vraiment connaître de toute façon. La majorité d'entre eux sont aujourd'hui dans les rizières, comme le plus souvent en cette saison de récolte. On peut en apercevoir certains des hauteurs du village,

◂ Le village de Basha, perché sur les hauteurs, est noyé dans les forêts de bambous. Les maisons se confondent parfois avec les tiges verdoyantes.

reconnaissables à leur tignasse attachée en chignon. Mais la plupart sont plus loin, à des kilomètres du village. Ils resteront sur leur lieu de travail le temps qu'il faudra, et ne reviendront qu'une fois la récolte terminée, les traits tirés par l'effort et les mains couvertes de blessures, mais les poches un peu plus pleines de quelques yuan, qui leur permettront de tenir jusqu'au printemps. Quand la guerre est terminée, la vie quotidienne et ses multiples contraintes reprennent leurs droits. C'est une loi essentielle de la guerre, une constante qu'on retrouve dans tous les conflits, et dans toutes les régions.

Les fusils n'ont cependant pas disparu de ce paysage de campagne ordinaire. Ils sont même progressivement devenus, avec la longue tignasse de cheveux fièrement portée par tous les hommes du village, la marque de fabrique de Basha. Pour amuser les touristes de passage, Han dans leur grande majorité, des spectacles sont souvent organisés. C'est la rançon de la défaite. Le vainqueur vient contempler son vaincu et le contraint à exécuter pour lui quelques singeries qu'il entrecoupe d'applaudissements et de quelques rires gras déplacés. Pour le village, c'est une modeste source de revenus – les organisateurs des

◀ Comme dans tous les villages de Chine, les enfants de Basha
sont curieux, extravertis, et respirent un bonheur simple.

237

spectacles raflant l'essentiel de la mise et ne laissant que quelques miettes aux participants –, mais c'est surtout un moyen comme un autre de maintenir les traditions, et d'affirmer son identité. Alors les hommes de Basha continuent de manier le fusil avec la même dextérité que leurs ancêtres. Si les guerres actuelles se pratiquaient comme celles du passé, et si les armes qu'ils possèdent n'étaient pas devenues de désuètes reliques, nul doute qu'ils écraseraient ces Han bien peu farouches et n'ayant aucun talent dans l'art délicat, et aujourd'hui disparu dans bien des civilisations, de la guerre.

Xiaohuang
(Chine)

Le village dong de Xiaohuang, ou « Petit jaune »,
pourrait tout aussi bien s'appeler « Grande bleue » ou
« Indigo ». Pas en raison de la couleur de ses maisons,
essentiellement construites en bois comme toutes les
maisons traditionnelles des minorités du sud du pays,
ni de ses tours du tambour et de ses ponts couverts,
tous décorés de peintures finement exécutées, et dont
l'épaisse couche de poussière trahit pour certaines
l'ancienneté. Le bleu de Xiaohuang, c'est la couleur
d'une de ses principales activités, réalisée par les
femmes de tous âges du village. À Xiaohuang, comme
dans les autres importants villages de la minorité
dong, pendant que les hommes sont occupés dans
les champs ou à rénover les maisons, ou pour les
plus anciens à fumer la pipe en jouant aux échecs à
l'ombre des ponts qu'ils ont peut-être construits de
leurs mains dans leur jeunesse, les femmes ne voient
que du bleu. Un bleu foncé, virant presque au noir
sous certains angles et selon l'exposition à la lumière.
C'est le bleu du tissu avec lequel elles confectionnent
les vêtements de toute la population. En respectant
des techniques que leur ont transmises leurs aïeules,

et qu'il ne leur viendrait pas à l'idée de remettre en question.

Les petits groupes de femmes s'activent au détour des ruelles, parlant pour agrémenter le labeur, riant de temps à autre, mais gardant toujours en tête le souci de bien faire le travail. Certaines trempent les longues pièces de tissu dans des cuves débordant d'un liquide bleu profond, dont une épaisse couche d'écume reste en surface et des effluves aux parfums plus ou moins agréables se dégagent. Les récipients alignés derrière les maisons ne payent pas de mine, mais ils contiennent les précieuses étoffes, et sont tout le trésor du village. On en compte un par maison, parfois plus. À Xiaohuang, tout le monde maîtrise la technique de la teinture.

Plus loin, on trouve d'autres femmes occupées à étendre les longues pièces de tissu coloré le long des canaux qui serpentent à travers le village. Elles reproduisent avec soin une technique qui consiste à faire pendre le linge le long des étroits passages, épiant les rayons de soleil qui lui permettent de sécher plus vite. C'est ainsi que ces petits trottoirs circulant sur les deux rives des canaux sont décorés de ces tentures bleutées qui les rendent soudain magnifiques. Décorations

◀ Dans les ruelles de Xiaohuang, le travail est entrecoupé de moments de détente.

Moment de détente à l'ombre d'un pont couvert.

éphémères qui oscillent au gré des conditions météo-rologiques. Leur couleur change également au fur et à mesure que le soleil agit. Presque noirs en début de journée, ils s'éclaircissent progressivement, laissant apparaître les reflets bleus si caractéristiques des costumes traditionnels des minorités.

Déjà, des groupes de femmes s'affairent à travailler à la troisième étape de ce processus inchangé depuis des générations. Armées de gros maillets et disposées tout autour de larges stèles en pierres polies par les âges et les usages, elles frappent avec vigueur le tissu, répétant ce geste des centaines de fois, jusqu'à modifier son aspect et même sa couleur. Aplati, écrasé implacablement, lissé sous les coups, le bleu foncé dévoile ses reflets violets, et le coton prend peu à peu l'apparence de la soie et même, à la fin du processus, d'une sorte de plastique. Cette étape de la confection des costumes est essentielle. Le tissu doit être rendu quasi imperméable, et soyeux à la fois. C'est la tâche la plus pénible et la plus ingrate, et pourtant ces femmes souvent d'un âge avancé semblent le répéter sans grande difficulté. L'habitude sans doute.

À moins que ce ne soit la joie de travailler en petit groupe, de palabrer au son du maillet, comme pour mieux en adoucir le poids, qui leur permet de tenir ainsi toute la journée. Et puis ces femmes savent mieux que quiconque combien leur travail est important, et combien il est nécessaire qu'il soit effectué le mieux possible. Les élégantes d'ici et d'ailleurs, parées de leurs plus beaux bijoux et coiffées avec soin ne seraient pas aussi rayonnantes sans ce travail de base qui leur permet de porter les costumes qui les mettent si bien en valeur. Les petites mains de Xiaohuang sont indispensables, et le bleu qui leur colle à la peau des doigts, et que des lavages répétés ne parviennent à faire disparaître que partiellement, témoigne de l'ardeur avec laquelle elles accomplissent inlassablement leur tâche.

Gaozen
(Chine)

Pour bien faire une maison, prenez pour commencer le meilleur bois de la région. N'hésitez pas à sacrifier des arbres qui ont lentement poussé en attendant d'être choisis. Laissez-les une fois abattus se reposer à l'entrée du village, histoire de prendre un bain de soleil pendant la saison estivale et d'endurer le froid de l'hiver. Ils n'en seront que plus résistants. Après un tel traitement, ils vous offriront les meilleures garanties de solidité, et tiendront la maison pendant des siècles s'il le faut. Votre patience sera récompensée. Il faut aussi trouver un bon emplacement. Pour que votre maison soit la fierté de votre entourage, il faut qu'elle soit bien située dans le village. Il est enfin nécessaire qu'elle soit suffisamment grande pour pouvoir y accueillir tous ceux que vous souhaitez. Car une maison qui ne peut pas accueillir d'invités, c'est une maison qui tombera rapidement dans l'anonymat.

Voilà des règles élémentaires et qui ne datent certainement pas d'hier, mais que les habitants de Gaozen ont à coup sûr en tête quand ils décident de construire une nouvelle maison.

De toutes ces considérations, il en est une plus essentielle encore que toutes les autres réunies. Pour construire une maison, il faut des volontaires. Des bâtisseurs expérimentés qui n'en sont plus à leur premier édifice et maîtrisent à la perfection toutes les ficelles du métier, mais aussi des manœuvres, généralement plus jeunes, astreints aux tâches les plus harassantes que leurs aînés ne peuvent plus accomplir, et venus pour apprendre sous la direction de ceux-ci. Un jour, ils seront sans doute eux-mêmes chargés de la conduite des opérations.

Au total, ils sont plusieurs dizaines entassés dans une petite ruelle de Gaozen, affairés dans tous les sens, préparant avec soin les poutres pour les uns, portant de lourdes cargaisons pour d'autres, et unissant leurs forces et leur savoir pour terminer l'assemblage. La construction semble assez sophistiquée, et chaque élément a une place bien définie. Mais les Dong ont l'habitude de construire des maisons, répétant ainsi à l'infini des gestes appris depuis leur enfance, et reproduisant des techniques que leur ont transmises les anciens. La construction mobilise ainsi tous les hommes valides, et plus généralement tous ceux qui peuvent apporter une contribution. Pas la peine de chercher quiconque dans les rues du village, tout le monde est rassemblé autour du chantier.

Mais pour construire une maison à Gaozen, les bras et les cerveaux ne suffisent pas. Il faut y ajouter un élément sans lequel tout cela ne serait pas possible : la convivialité. L'heureux propriétaire de l'imposante maison n'a évidemment pas les moyens de payer les ouvriers qui se sont mis à son service. Personne n'a de tels moyens dans un petit village où l'argent reste une notion accessoire. Mais qu'à cela ne tienne, les volontaires savent que leur propre maison fut construite dans les mêmes conditions, et qu'un jour leurs enfants auront besoin du même soutien. L'entraide entre les habitants, que ce soit pour la construction d'une nouvelle maison ou toute autre activité, c'est la règle ici. Alors pour remercier tous ces volontaires, le propriétaire invite tout le monde pour un repas convivial. Les préparatifs de cette fête mobilisent ceux qui ne sont pas sur le chantier. Les femmes, les vieillards, quelques enfants aussi : tous sont sollicités pour l'occasion. Au final, c'est le village dans son entier qui participe à l'évènement. On en trouve dans tous les recoins, occupés à des travaux divers. En voilà qui découpent des citrouilles, par dizaines. Forcément, pour nourrir une telle population, il ne faut pas lésiner sur la quantité ! Plus loin,

◂ Les matériaux, les outils, les techniques :
rien ne change dans les villages des minorités.

au bord des champs, des hommes viennent de tuer un buffle à l'ancienne, tranchant la tête de la bête à coup de machette d'un geste violent et bref. Ils la dépècent maintenant, et pourront ensuite lui ouvrir les entrailles, découpant chaque morceau pour le festin de ce soir. D'ici quelques heures, il ne restera de leur forfait que quelques traces de sang et des mets mijotant doucement dans des chaudrons gigantesques ou grillant au feu de la braise. Un seul buffle pour nourrir tout ce monde, c'est finalement bien peu, mais les gens d'ici n'ont pas l'habitude de manger de la viande tous les jours, alors forcément, c'est une ambiance festive qui domine aujourd'hui à Gaozen. Car pour construire une maison dans un petit village dong, la règle la plus importante à respecter est de s'assurer que ce soit une grande fête.

◄ Pendant que les hommes jouent aux bâtisseurs
et que les femmes mijotent un festin que tous se partageront
une fois le travail fini, les anciens ne sont pas en reste
et participent avec ferveur à l'effort collectif.

Zhaoxing
(Chine)

Les enfants sont excités comme des puces et ne tiennent pas en place. Les vieux sont de sortie, malgré la fatigue et les douleurs du labeur de toute une vie qui se porte sur leurs frêles épaules. Les jeunes adultes sont là aussi, à guetter la moindre nouvelle. Il règne une atmosphère particulière à Zhaoxing, qui me rappelle cette magnifique chanson de Bob Dylan, *Desolation row*. « Le cirque est en ville », chante-t-il, avant de se lancer dans une longue complainte. Ce n'est pas le cirque qui justifie cette agitation dans les ruelles du magnifique village dong, mais un spectacle de danse traditionnelle offert par une troupe ambulante qui se déplace quand les touristes sont suffisamment nombreux pour acheter des billets. Pour les autochtones, l'entrée est gratuite.

Ce spectacle, ils le connaissent par cœur, mais ils sont toujours aussi nombreux à venir le voir. Il faut dire qu'une fois la nuit tombée, il ne se passe pas grand-chose à Zhaoxing. À part regarder la télévision et suivre les nouvelles d'un monde qu'ils ne connaissent pas et qui les ignore de toute façon, les habitants du village n'ont pas beaucoup de loisirs. Ils tombent souvent de fatigue, avant de recommencer dès l'aube une nouvelle journée. Pour eux, les moments de détente sont plutôt en fin d'après-midi, quand la lumière du soleil est encore suffisamment vive pour rester dehors, et une fois que les travaux de la journée ont été exécutés. Ils se retrouvent alors sous les ponts couverts, ou sur des bancs improvisés où ils apprennent aux plus jeunes les rudiments des échecs et du mah-jong. Une fois l'école terminée, les enfants courent dans les rizières qui entourent le village, où s'amusent à chasser quelques papillons. Mais quand la lumière faiblit, chacun rentre chez soi, et bientôt il n'y a plus âme qui vive dans les ruelles.

Alors forcément, les jours de spectacle sont bien différents, et sont une fête pour tous. L'attraction commence avec l'arrivée des artistes, dans un bus usé par les kilomètres. Les vedettes sont des Dong. Certains sont même originaires de Zhaoxing, bien que vivant désormais dans la vallée. Difficile de les distinguer à première vue. Ils portent des tenues qui ne les différencient pas des autres, et ils ne dégagent pas de charisme qui les identifierait au premier regard. Ce n'est qu'une fois habillés et maquillés qu'ils brillent de tous leurs éclats et deviennent les stars de tout le village. Les préparatifs sont suivis par une foule quasiment aussi importante que pour le spectacle lui-même, donnant l'impression que la représentation se fera devant des milliers de personnes. C'est quand les groupes de touristes, chinois pour la plupart, se pressent sur

les bancs sortis pour l'occasion qu'on devine que le spectacle va enfin commencer. Il dure une heure, pas plus, pendant laquelle les artistes exécutent des danses magnifiques et entonnent des chants traditionnels qui résonnent dans les ruelles. Le tout avec un éclairage un peu kitch, mais qui rend malgré tout l'atmosphère magique. Dans le reste du village, c'est le calme total.

Le lendemain, le décor a bien changé. Les bus de touristes sont repartis vers d'autres contrées, laissant derrière eux quelques marchands heureux, qui pourront attendre paisiblement la prochaine représentation. Bien qu'il soit encore assez tôt, ça fait déjà des heures que tout le monde s'active. C'est l'été, les journées commencent tôt et finissent tard. Elles sont entrecoupées d'une sieste pendant les heures que la chaleur rend insupportables, mais elles restent très longues. À cause de la fête de la veille, certains visages sont fatigués. Une fois que «le cirque a quitté la ville» et que le spectacle est terminé, le quotidien reprend ses droits. Mais les rêves de lumière et de danses sont encore dans tous les esprits. Malgré la fatigue, chacun semble même avoir repris des forces grâce au spectacle. Sorte de vitamine de groupe aux effets non prolongés, mais qui en étant offerte à intervalles réguliers fait des petits miracles.

◂ Pendant que le tissu tout juste teinté sèche sous le soleil brûlant, les enfants se rafraîchissent au bord de la rivière.

Et pourtant, il faudra bien plus que ces spectacles offerts de temps en temps aux habitants de Zhaoxing pour leur donner le courage de continuer à travailler, inlassablement. Un travail dans les champs, avec des outils d'un autre âge, et la peur de ne pas avoir de bonne récolte, tout comme les générations précédentes. Un travail dans les quelques boutiques du village, qui offrent un peu de modernité au fond de l'étroite vallée qui semble coupée du monde. Un travail dans les rares hôtels qui rappellent qu'il y a un tourisme dans la région, des hôtels à la décoration soignée et à l'accueil convivial, mais qui peinent à afficher complet. Un travail enfin sur la route qui mène à la vallée, une route en chantier, et qui devrait, selon les prévisions, être terminée avant l'hiver.

À voir le nombre impressionnant de mains qui s'agitent dans la poussière irrespirable, creusant des trous, bougeant des rochers, sillonnant des petits canaux sur les bas-côtés, ont peut imaginer qu'elle sera terminée dans les délais. Et pourtant, c'est de plusieurs dizaines de kilomètres dont il s'agit, à travers les montagnes et les forêts, le long de gorges insondables et sur des crêtes interminables, dans un décor magnifique, où la beauté des hommes est celle de leur courage et de leurs traditions, de leur fierté et de leur labeur.

En quittant Zhaoxing, nous quittons aussi le Guizhou et ses minorités attachantes.

◀ Dans la cour de récréation, on apprend à jouer comme le font les plus grands.

Sanjiang
(Chine)

La Chine est un pays-continent aux contrastes fantastiques que toute une vie ne saurait suffire à explorer. Même en y voyageant des dizaines de fois, et en explorant un maximum de ses trésors, on ne peut jamais véritablement dire, en toute honnêteté, qu'on connaît la Chine. Nous y avons souvent voyagé avec mon épouse, et pris pour destination des lieux précis, généralement une ou deux provinces. On ne peut pas visiter d'un trait toute la Chine, il faut se contenter d'une de ses facettes. Bien sûr, on pourrait considérer le même phénomène dans le cas d'autres cultures et, par extension, à l'ensemble de la planète. Mais du fait de son immensité, de son histoire, de sa culture et de sa multitude de traditions parfois très distinctes les unes des autres, la Chine est décidément un pays à part, qui à lui seul englobe les caractéristiques de continents entiers.

Cette singularité chinoise est l'une des plus fascinantes qui soient, et elle a attiré pendant des siècles

◄ Bâtiments et travaux publics sont la priorité d'un pays
en pleine reconstruction.

une quantité non négligeable de voyageurs épris de sa richesse, et désireux d'avancer en terrain vierge. Plus que tout autre pays, la Chine est ainsi devenue le rêve de tous les voyageurs.

Dans l'introduction de son *Empire chinois*, le père Evariste Huc, grand explorateur de la Chine chaotique du milieu du XIXe, remarquait alors qu'il «est peu de voyageurs, attirés par la curiosité ou l'intérêt, soit à Macao, soit sur quelque autre point du littoral chinois, qui n'aient éprouvé le besoin de faire savoir au monde, du moins par la voix des journaux, qu'ils avaient visité l'empire céleste». Un moyen pour lui de justifier son propre manuscrit, sans aucun doute. Mais un constat d'autant plus intéressant qu'il semble être devenu presque atemporel. Tant d'observateurs se sont en effet pressés en Chine. Certains en revinrent admiratifs, presque béats. D'autres au contraire ne trouvèrent qu'à critiquer une civilisation qu'ils ne voulaient pas chercher à explorer davantage. Mais tous ont en commun d'avoir pensé, au premier regard, avoir tout compris de la Chine et de ses mystères.

Un observateur a écrit au sujet de ces voyageurs pressés qu'ils entrent à Pékin comme des mendiants, y séjournent comme des prisonniers, et en sont chassés comme des voleurs. Sans doute sommes-nous un peu ces mendiants, venus humblement découvrir un petit bout de Chine, et l'ajouter au résultat d'autres voyages dans l'empire du Milieu, pour composer une carte qui s'agrandit peu à peu, mais reste si modeste au regard de ce pays. Sans doute sommes-nous aussi un peu ces prisonniers qui, faute de mieux, n'ont pas d'autre choix que de se laisser un peu guider, même en surmontant la barrière linguistique, même en ayant accès à des merveilles que l'immense majorité des voyageurs ne peut même pas imaginer. Sans doute enfin sommes-nous ces voleurs. Des pilleurs de Chine, capturant la moindre trace d'authenticité et d'étrange sur une carte mémoire, et accumulant les souvenirs comme pour mieux s'évader ensuite, la tête pleine et avec la satis-faction empreinte d'un peu de suffisance du devoir du voyageur accompli.

Ces voleurs repartent émerveillés, mais aussi un peu exaspérés de certaines situations inconfortables, résultant souvent de l'attitude des Chinois. Certains d'entre eux en tout cas. L'arrogance est très présente dans ce pays qui multiplie les succès, et que rien ne semble pouvoir arrêter. On la sent dans la manière dont la Chine se positionne sur la scène internatio-nale, refusant de plus en plus de se soumettre à de quelconques jugements de valeur sur ses agissements, et se permettant en retour de donner des leçons. Mais cette arrogance est aussi présente au cœur de la Chine, et s'exprime en chaque chinois. Certes, on ne saurait que comprendre le légitime sentiment de fierté que

La Chine, c'est aussi une culture raffinée et lettrée, une sagesse qui se transmet encore, en marge d'un développement parfois incontrôlable.

les Chinois ne peuvent qu'éprouver à l'égard de leur culture exceptionnelle, mais aussi de son formidable réveil au cours des dernières décennies. Mais on ne peut qu'être agacé quand cette arrogance prend des allures de suffisance, et consiste à placer la Chine au-dessus de toute autre culture, signifiant au passage que ces dernières ne seraient que mineures.

À « Trois rivières », puisqu'il s'agit de la traduction littérale de Sanjiang, et même si cet endroit ne figure pas sur la liste pourtant impressionnante des «*must see*» en Chine, que ce soit pour les voyageurs pressés ou même pour ceux qui prennent leur temps, cette arrogance est tout aussi perceptible que dans les hauts lieux de la Chine conquérante où elle est, sinon légitime, du moins expliquée par les mirages de la croissance économique. Rien de tout cela à Sanjiang. La ville est une de ces destinations anonymes de cette Chine du centre encore peu ouverte sur l'extérieur, et où la croissance signifie pollution plus qu'amélioration des conditions de vie. Pas de quoi pavoiser, en d'autres termes.

C'est pourtant à Sanjiang que nous croisons trois individus qui symbolisent à eux seuls cette arrogance aussi déplacée que fondée sur une ignorance culturelle totale. Ils sont assis sur des bancs se faisant face, dans la petite gare de la ville, à attendre que le temps passe en échangeant quelques réflexions navrantes sur leur existence. Et comme si cela ne leur suffisait pas, ils accostent les quelques passagers attendant leur train, dispensant des conseils qu'ils estiment avisés, mais qui sont totalement inutiles. Ils se prennent pour des aventuriers, eux qui ont pris le train plusieurs fois et erré dans plusieurs villes de Chine, à chercher un peu de boulot. Ils nous expliquent que le meilleur moyen d'en apprendre sur une ville, c'est de prendre le taxi, car les chauffeurs de taxi connaissent tous les secrets. Si par là ils entendent les bars et les quartiers où les prostituées s'entassent, ils n'ont certainement pas tort, mais pour le reste, les taxis chinois ne sont pas vraiment les meilleurs guides qui soient...

Leur attitude n'est pas un cas isolé, mais est au contraire assez courante dans cette Chine du centre où se côtoient des gens d'une gentillesse rare et des crétins qui croient tout savoir et passent de surcroît leur temps à donner des leçons. Et quand ils voient passer des étrangers, c'est encore pire. Forcément, ces visiteurs ne connaissent rien à la Chine, et ne connaissent d'ailleurs rien du tout, car qui ne connaît pas la Chine est un barbare. C'est pourquoi ils prennent un ton condescendant et ricanent de voir les étrangers (incluant les Chinois venant d'autres horizons) être un peu perdus. Leur sujet d'amusement du jour : qu'est-ce que quatre étrangers – nous-mêmes plus un couple originaire de Shanghai – font dans cette gare loin de tout, alors que le prochain train est dans deux bonnes heures ? De quoi se glousser, assurément ! Mais au fait, les gars, si vous êtes si malins, comment se fait-il que vous vous retrouviez également dans cette gare à attendre le prochain train, plus longtemps que nous par ailleurs, puisque vous étiez déjà là à notre arrivée ? Tout ne coule visiblement pas de source à Trois rivières...

Shanghai
(Chine)

Revoici Shanghai, la ville qui change à vue d'œil, et qu'on semble redécouvrir complètement à chaque visite. Revoici cette cité gigantesque que nous avons quittée il y a à peine plus d'un an, et que nous reconnaissons à peine. Voici le symbole de cette Chine dont la course paraît incontrôlable, et dont on parvient difficilement à évaluer l'issue.

L'immense chantier que fut Shanghai en marge des préparatifs de l'organisation de l'Exposition universelle 2010 a surclassé tous les superlatifs. Mais l'organisation de ces festivités n'a finalement fait que s'ajouter au dynamisme qui anime la ville depuis maintenant trois décennies. Shanghai se transforme, à une vitesse contre laquelle aucune autre mégalopole ne peut rivaliser, et elle incarne à elle seule le développement de la Chine contemporaine. Il suffit de s'absenter de Shanghai quelques mois pour avoir du mal à s'y repérer, tant la ville évolue rapidement.

Shanghai est, depuis longtemps déjà, la ville la plus peuplée de toute la Chine. Mais elle fut longtemps éclipsée à l'échelle régionale par des mégalopoles comme Tokyo, Séoul ou même Singapour, qui la surclassaient sur tous les points. La perle de l'Orient est

cependant en train de prendre sa revanche, et les attraits de la région qui l'entoure en font déjà l'une des villes les plus importantes de la planète. La concentration de gratte-ciel, la modernisation de quartiers entiers, et le développement des infrastructures ont totalement modifié le paysage urbain. Il suffit de chercher sur Internet les projets en cours pour réaliser à quel point ce n'est qu'un début. Si on ajoute à cela les trésors distants de quelques dizaines de kilomètres seulement que sont ces villes de canaux où s'entasse chaque année un nombre plus important de touristes, on prend la mesure des extraordinaires perspectives de Shanghai dans tous les domaines, qui la placeront bientôt parmi les destinations incontournables de la planète.

La mégalopole en mutation n'épargne pas les anciens quartiers, le plus souvent insalubres, qui disparaissent les uns après les autres, soit pour être remplacés par des curiosités pour touristes, soit tout simplement pour voir s'élever à leur place des tours gigantesques dans lesquelles s'installe une population sans cesse plus nombreuse. À l'image de la Chine, Shanghai est une ville de contrastes, où se croisent les richissimes fortunes qui ont su profiter de la libéralisation économique du pays et une population figée

◀ À l'ombre de la tour « perle de l'Orient », l'icône de Shanghai, les bâtisseurs de la Chine du XXIᵉ siècle s'activent.

dans le temps. Toutes les caractéristiques d'un pays en développement, mais qui poursuit une croissance à un rythme effréné, sont ici représentées.

À l'ombre des tours imposantes, le vieux Shanghai voit son espace de vie se réduire à grande vitesse. Bientôt, il n'existera plus, délocalisé vers une banlieue de plus en plus gigantesque et sans âme, et détruit jusqu'à la dernière pierre pour être reconstruit en suivant les plans des nouveaux princes de l'empire du Milieu.

Certes, la Chine ne peut faire l'économie de modifications brutales de son urbanisme si elle veut poursuivre sa croissance. Pour cette raison, déplorer de manière systématique la destruction des vieux quartiers est aussi déplacé que décalé par rapport aux réalités qui sont celles de la Chine contemporaine, notamment quand on constate à quel point les vieux quartiers sont insalubres. Mais l'important n'est pas là. Une fois que ces quartiers auront totalement disparu, l'âme de Shanghai pourra-t-elle survivre ? La disparition des vieux quartiers ne pourrait-elle pas tout simplement signifier, à terme, l'abandon de traditions, d'un rythme de vie nonchalant et immuable, mais charmant ? En bref, une mégalopole comme Shanghai ne risque-t-elle pas de devenir une ville totalement

◂ La modernisation de Shanghai entraîne la destruction de vieux quartiers, et pour de nombreux habitants cela signifie la fin d'un monde.

différente une fois que les tours auront définitivement triomphé ? Sans aucun doute.

La vraie question est dès lors de savoir si cette ville différente sera plus agréable (et il n'est pas anodin qu'il s'agisse du thème central de l'Exposition universelle), et ce qu'il adviendra des habitudes de vie qui se sont développées dans les vieux quartiers une fois que ceux-ci auront totalement disparu. Difficile d'y répondre de manière objective à ce stade, et plus difficile encore de prédire l'avenir à Shanghai, tant tout ce qui semble figé est constamment bousculé et peut disparaître à tout instant.

Nous sommes cependant frappés par la persistance de la notion de quartiers, même dans ce gigantesque décor urbain. Les mégalopoles de Chine et d'ailleurs sont au final des additions d'individualités, des additions de connexions qui se font localement, dans des espaces restreints où l'anonymat de la grande ville s'efface au profit des habitudes de citadins qui se connaissent. La Chine change de visage, au point que les Chinois eux-mêmes ne sont plus capables de la reconnaître, mais les habitudes de vie, bien que soumises à de nouvelles réalités, n'en demeurent pas moins conservées. L'une des habitudes des habitants des vieux quartiers de Shanghai, presque une marque de fabrique dirait-on dans d'autres circonstances, est qu'ils se promènent jour et nuit en pyjama dans les étroites ruelles qui composent leur lieu de vie. Nous avons plusieurs fois entendu parler de cette pratique, comme d'une de ces légendes urbaines dont on ne connaît jamais l'origine. Il nous fallait donc vérifier sur place, et constater qu'il ne s'agit effectivement pas d'une légende. Sans surprise, ce sont surtout les vieux qui perpétuent cette étrange habitude, mais dans certains quartiers encore épargnés par les bulldozers, elle est presque élevée au rang de code vestimentaire. Dans les petites allées à l'ombre des tours, dans les boutiques qui paraissent tout droit sorties de *Tintin et le lotus bleu*, et dans les innombrables restaurants de quartier, nous cherchons presque les Shanghaiens portant autre chose qu'un pyjama et des pantoufles. Voilà un spectacle d'autant plus réjouissant qu'il se joue dans une ville de cette taille, où on imagine difficilement de telles pratiques. Comme quoi on n'a pas fini de trouver des idées reçues sur la Chine.

La Chine des villages que nous avons laissée dans la province du Guizhou, cette Chine humaine, souriante et insouciante, n'a peut-être pas grand-chose à voir avec Shanghai, mais il ne s'agit finalement que d'une apparence. Les développeurs auront beau redessiner Shanghai, ils ne parviendront jamais à détruire l'âme de la Chine, qui se régénérera comme elle l'a toujours fait. Voilà une découverte qui nous rassure un peu et fait soudain de Shanghai un lieu de vie moins déshumanisé qu'il y paraît.

Expo Shanghai
(Chine)

Capitale du monde, capitale d'un monde nouveau, Shanghai a bien su profiter de son Exposition universelle organisée à grand renfort d'investissements pharaoniques pour faire la promotion de la Chine. C'était sans aucun doute le principal objectif de cette gigantesque manifestation.

Pas un objectif officiel, bien entendu. Organisées de manière irrégulière, les expositions universelles ont pour vocation de rassembler les peuples du monde entier, qui viennent faire la démonstration de leur savoir-faire, mettre en avant leurs trésors ainsi que leurs spécificités. C'est une sorte d'immense foire à la nation, dans ce concept étonnant et aux contours encore assez mal définis, mais de plus en plus omniprésent, qu'est la *nation branding*. Chacun vient donc se vendre, parfois au sens littéral du terme, tels ces pays d'Asie centrale qui indiquent des prix à tous les objets qu'ils exposent, dans l'espoir de trouver quelque acquéreur, et de rentabiliser la construction

◀ Quand la Chine regarde le monde : un moine bouddhiste
au Pavillon du Mexique de l'exposition universelle de Shanghai.

certainement coûteuse d'un pavillon à l'architecture éphémère. Certains monnayent un petit autocollant commémoratif, ou un simple coup de tampon sur le passeport de l'expo, que les visiteurs brandissent fièrement, et qu'ils montreront, le mieux rempli possible, à leurs proches. Les grandes puissances, ou ceux qui prétendent faire partie de ce club sélect et pourtant sans droit d'entrée, font l'étalage de leur technologie, et offrent le spectacle d'une modernité dont ils seraient les garants. Sans grande surprise, la surenchère est particulièrement forte dans ce marché global. D'autres jouent sur les traditions, rappelant que le monde n'est pas composé que de projets futuristes, mais aussi de peuples qui vivent encore comme le faisaient leurs parents et grands-parents. Certains enfin semblent tout simplement satisfaits d'être là, invités à participer à un évènement planétaire, dont ils sont trop souvent absents, par leur faute ou en raison de jeux géopolitiques dont ils sont les victimes. Le pavillon nord-coréen, sans grande surprise l'un des plus kitchs, rappelle non sans faire sourire les visiteurs qu'il est le pays du peuple, et propose une collection impressionnante des œuvres complètes de la dynastie Kim. L'Iran s'offre en spectacle, comme pour rappeler que si elle entretient avec les puissances occidentales des relations plus que difficiles, elle peut compter – comme la Corée du Nord d'ailleurs – sur son amitié avec la Chine. Taiwan a également un pavillon, à défaut d'avoir un siège à l'ONU, qui plus est juste en face de celui de la Chine. Un pavillon impressionnant et parmi les plus appréciés, au cœur de cette Chine conquérante et officiellement hostile. Mais on ne s'embarrasse plus des postures officielles de nos jours.

L'autre objectif de cette gigantesque foire, sorte de Disneyland pour adultes, est bien entendu le thème retenu pour l'expo. Car chaque expo a son thème. Cette année, c'est la ville qui est à l'honneur. Dans une métropole de près de vingt millions d'habitants, on pourrait difficilement imaginer autre chose d'ailleurs. Le slogan de Shanghai 2010, « Better city, better life », vient rappeler que désormais, c'est la majorité de la population mondiale – à défaut de la majorité des Chinois – qui vit en ville, et qu'il faut donc trouver de nouvelles idées pour rendre cette dernière plus vivable. Certains pavillons sont exclusivement consacrés à cette réflexion, et Shanghai se met en scène sur ce chapitre, avec ses immenses rénovations urbaines, ses projets environnementaux, et son souhait de rendre une ville encore hier en grande partie insalubre plus accueillante.

Mais il est évident, comme c'est toujours le cas dans les expositions universelles, que derrière ce projet commun, cette noble cause pour laquelle l'union de toutes les forces est requise, ce sont bien les nations qui offrent le spectacle de leurs rivalités. Il

« Une meilleure ville, une vie meilleure » : le slogan de l'Expo Shanghai 2010 est affiché dans les nouvelles lignes du métro de la ville.

faut faire bonne figure, en mettre plein la vue aux passants, battre des records d'entrées et, surtout, faire de l'ombre aux puissances rivales. Hasard du plan du site ou non, le pavillon des États-Unis est situé à l'extrémité de l'immense parc, là où les badauds se pressent moins. Le pavillon du Japon est situé à l'autre extrémité, lui aussi boudé par ceux que les longues marches découragent. Le pavillon chinois, immense bâtiment visible de loin, trône pour sa part au centre du parc, au point d'être l'attraction immanquable. Le privilège de la nation hôte. Après tout, la tour Eiffel n'est-elle pas la seule chose que l'on retient de l'expo de Paris de 1889 ? C'est donc de bonne guerre. La Chine se met en scène, elle fait l'étalage de sa puissance retrouvée, et se dresse avec fierté dans l'arène des nations.

Le résultat fut-il à la hauteur des objectifs ? Sur le papier, le succès de l'expo de Shanghai est indiscutable. Record du nombre de visiteurs battu (73 millions, soit 9 de plus que le précédent record, à Osaka en 1970), qualité des infrastructures louée unanimement, organisation sans faille, et une image de la Chine soignée au maximum. On peut bien sûr arguer du fait que les visiteurs étaient dans leur grande majorité chinois et que la « communion entre les peuples » n'a pas été si forte qu'annoncée, les Chinois visitant en priorité le pavillon de la Chine – et faisant des heures de queue pour toucher le Graal – ou celui de Taiwan, pour lequel il fallait réserver, et le reste du monde se rabattant sur… le reste du monde. Mais pouvait-on s'attendre à autre chose dans la plus grande agglomération du pays le plus peuplé de la planète ?

Quant à la ville de Shanghai elle-même, très fortement modernisée pour l'occasion, elle confirma son entrée dans le cercle restreint des mégalopoles de premier plan, profitant de son Exposition comme avaient su le faire en leur temps des villes comme Londres ou Paris. Bienvenue dans l'ère de la Chine…

Fuzhou
(Chine)

Dans l'empire du Milieu, l'avenir est en marche, et il est sujet à toutes les interprétations. La Chine ne veut plus désormais se contenter d'être une gigantesque usine du monde, avec un taux de croissance à donner le vertige et la perspective de devenir, dans moins d'une génération, la première puissance économique mondiale. Elle s'interroge déjà, et on ne peut le lui reprocher, sur ce à quoi ressemblera alors le monde. Un monde dans lequel les regards se porteront sur elle, et un monde dans lequel elle occupera un rôle central. Elle s'interroge également déjà, et c'est tout aussi légitime, sur les moyens de préserver ce statut de numéro un.

Ces interrogations portent, on s'en doute, sur les questions politiques. La Chine première puissance mondiale – si on s'en tient aux critères économiques, ceux qui comptent vraiment dans le monde contemporain –, cela signifie que pour la première fois depuis la révolution industrielle, une dictature sera au

◄ Le tourisme et la protection du patrimoine unissent leurs efforts dans les villes chinoises qui se refont une beauté.

premier rang. De quoi susciter de multiples questions en matière de gouvernance, de droits de l'Homme, ou tout simplement de représentation des aspirations populaires. La Chine y pense, et cherche à trouver un compromis entre le maintien du régime et l'introduction, en douceur, de scrutins locaux. Un pari difficile, et qui ne se fera pas sans heurts, mais qui semble nécessaire si elle veut assumer son nouveau statut.

La Chine première puissance, cela signifie également une Chine plus présente dans les affaires du monde. Fini le temps où Pékin pouvait se permettre de pratiquer la politique de la chaise vide sur les dossiers brûlants, et se posait comme un champion de la neutralité – ou de l'inaction. Désormais, afin de protéger ses intérêts globalisés, Pékin n'a pas le choix : il faut jouer un rôle actif, et devenir une puissance internationale responsable. Là aussi, toutes les interprétations possibles sont débattues, décortiquées, et testées par des dirigeants chinois soucieux de remplir leur rôle sans prendre trop de risques.

La montée en puissance de la Chine, c'est enfin, et peut-être surtout, un sentiment de fierté retrouvé. Une fierté qui pourrait, si on n'y prend garde, évoluer vers une forme d'arrogance nous replongeant dans les heures les plus sombres de la Chine impériale, et faire des trois crétins de Sanjiang des visionnaires. Mais une fierté qui est amplement justifiée par l'exceptionnel patrimoine de ce pays. Au cours de ce voyage, et des quatre semaines passées en Chine, nous n'avons traversé que quelques provinces. Un choix délibéré, à contre-courant des tours organisés qui proposent des circuits sur la Chine en une semaine. Un choix qui s'explique par l'immensité de ce pays, par les multitudes de cultures qui y cohabitent, et par le désir de découvrir la Chine petit à petit. Une vie ne saurait suffire pour explorer ce pays immense non seulement par la taille, mais surtout par la richesse. Si ces deux éléments étaient liés, la Chine serait de très loin le plus grand pays du monde, sans aucun rival.

Les Chinois ont aujourd'hui conscience de cette richesse. Et ils la mettent en avant. Nous avons traversé de multiples villages plongés dans d'importants travaux de rénovation, avec pour objectif de faire du beau. Le cas de Shanghai est différent, compte tenu du statut de cette agglomération gigantesque, qui ne peut plus s'encombrer de quartiers traditionnels en décalage avec le dynamisme de la Chine contemporaine. Malgré tout, on s'efforce, à Shanghai comme ailleurs, de rénover d'anciens quartiers pour leur donner l'apparence de l'authentique, et de rendre à la Chine ses quartiers classiques éclipsés depuis trop longtemps par une modernité mal maîtrisée.

Fuzhou, immense ville côtière de la province du Fujian, est l'un des poumons économiques de la Chine

conquérante, comme le sont les villes du Zhejiang et du Shandong et, plus au sud, Xiamen ou les agglomérations gigantesques du Guangdong. Une Chine tournée vers l'extérieure, qui a plusieurs années d'avance sur le reste du pays qu'elle s'efforce de tirer vers le haut. Mais Fuzhou n'est pas qu'une ville tournée vers l'avenir. C'est aussi, comme tant de villes chinoises, un berceau de la civilisation, où la vie s'est implantée et organisée il y a déjà des millénaires.

Hier délabré, insalubre, mal fréquenté et ignoré par les développeurs et leurs projets pharaoniques, le vieux quartier de la ville est aujourd'hui l'objet de rénovations de grande ampleur. C'est même l'ensemble du quartier qui est remis à neuf. Pour ce faire, on n'hésite pas à tout détruire pour reconstruire ensuite, en utilisant d'anciennes calligraphies pour voir à quoi ressemblait la ville autrefois. Le résultat fait bien sûr un peu faux et n'est pas parfait. Mais pour être venu à Fuzhou il y a deux ans, nous ne pouvons qu'être interdits devant l'ampleur du chantier et un résultat qui dépasse de loin nos espérances. Les maisons ne tenant plus debout, réparées par des bouts de ficelles génération après génération, ont été remplacées par des bâtiments solides, reposant sur des fondations en

◀ Le vieux Fuzhou est désormais une ville nouvelle
où les traditions sont à l'honneur.

béton, mais joliment ouvragées. L'authenticité y perd beaucoup, mais question esthétique, on ne peut que reconnaître qu'il s'agit d'une évolution importante.

La Chine bouge, de ses villes les plus importantes à ses villages les plus reculés. En cela, elle symbolise une Asie décomplexée, mais qui ne veut plus saborder son passé pour plonger dans une modernité qui lui ferait perdre son identité. Fuzhou est, comme toutes les villes de ce pays puissant et dynamique, fière de son héritage.

Mazu
(Taiwan)

Le Rideau de fer, que nous avons traversé à plusieurs reprises pendant ce voyage, appartient désormais à l'histoire. Le mur de Berlin, dont nous avons admiré les derniers hectomètres joliment bariolés, est une relique du passé. La ligne Maginot est elle aussi, à la manière de la Grande muraille de Chine, un de ces vestiges nous rappelant qu'avant de se tendre la main, les peuples voisins se faisaient presque systématiquement la guerre et n'avaient pour objectif que de conquérir l'autre.

Il reste, çà et là, des barrières, des murs, des barbelés. Des lignes de démarcation que la fin de la Guerre froide n'est malheureusement pas parvenue à effacer. On dit même qu'elles ont tendance à proliférer, témoignant ainsi d'un inquiétant repli sur soi des peuples et d'une volonté de se protéger d'un étranger trop souvent assimilé à un danger. Voilà une évolution bien triste de notre temps, et qui semble aller à contre-courant des idéaux de nos pères. Sur ce point, l'Europe présente un cas malheureusement bien isolé. Si les frontières s'y effacent (malgré quelques réticences sorties d'un autre âge), elles se renforcent dans d'autres régions.

Finalement, le vieux continent et ses souvenirs restent encore à la pointe de la modernité, et il mériterait d'être pris un peu plus au sérieux par un monde qui reste trop embourbé dans le conservatisme. L'Asie du Nord-Est ne peut pas en dire autant. Deux Corées séparées par une ligne de démarcation surarmée et ironiquement appelée « zone démilitarisée », des différends frontaliers qui concernent le moindre caillou perdu dans la mer, et bien sûr la séparation par excellence : la coexistence de deux Chines, celle que nous venons de quitter, et celle dans laquelle nous nous rendons désormais. Tandis que nous approchons en bateau de Mazu, minuscule archipel au large de Fuzhou, à seulement quelques kilomètres des côtes, un sentiment étrange nous gagne. Voilà un lieu qui symbolise parfaitement à la fois les séparations d'hier et les retrouvailles d'aujourd'hui.

Mazu est en territoire taiwanais depuis 1949, soit depuis la retraite des nationalistes dans l'île à la suite de la victoire des communistes sur le continent. Elle fut à de multiples reprises dans les décennies suivantes le lieu d'affrontements entre les deux entités rivales. Si vulnérable, trop proche de la Chine, elle fut érigée au rang de symbole de la lutte dans le détroit pour le

◀ Mazu reste la ligne de défense de Taiwan face à la Chine, distante de quelques kilomètres.

contrôle de Taiwan, et Taipei mit un point d'honneur à ne jamais lâcher ses petites îles. Alors Mazu devint une véritable forteresse, un pic rocheux truffé de bases militaires, de tunnels et de canons. Avec l'autre archipel, Kinmen, plus au sud, Mazu constitua la ligne de défense de Taiwan face aux velléités d'invasion de la Chine communiste. Elle devint une sorte de frontière, hermétiquement fermée, une ligne de démarcation surprotégée, un rideau de fer sur l'eau. Cette sépara-tion survécut à la Guerre froide, comme le fit la zone démilitarisée en Corée du Nord, et elle resta haute-ment sensible. Mazu devait servir, comme Kinmen, de signal d'alarme permettant de voir venir une tentative d'invasion de la Chine.

Ce signal d'alarme est cependant aujourd'hui bien désuet, et on ne peut d'ailleurs que s'en réjouir. D'abord, avec les technologies militaires modernes, il est évident que l'armée populaire de libération de la Chine ne s'embarrasserait pas d'envahir Mazu quand elle sait qu'elle pourrait directement viser Taiwan. Mais surtout, avec les changements politiques et le dialogue inter-détroit qui s'est imposé, espérons-le de façon durable, la ligne de démarcation ne veut plus dire grand-chose, et devient une sorte de frontière comme les autres, si on fait abstraction du fait qu'il ne s'agit officiellement pas d'une frontière, la Chine et Taiwan ne se reconnaissant pas mutuellement. Voilà donc un voyage de la Chine vers la Chine, pour lequel il faut montrer patte blanche, comme pour traverser une frontière, mais où on se garde bien de faire la moindre référence à une nationalité. Un citoyen taiwanais ne montre ainsi pas son passeport à un douanier chinois, mais une sorte de vrai-faux passeport réservé aux «Chinois d'outre-mer»...

Nous sommes déjà venus à Mazu, et avons effectué le même trajet dans le sens inverse. Nous voyagions alors avec mon beau-père, qui servit dans l'armée taiwanaise et fut en poste pendant plusieurs années dans le petit archipel, où il était rédacteur en chef du quotidien de l'île. Un journal publié par les militaires : voilà qui semblerait impossible dans le Taiwan d'aujourd'hui ! Il nous avait emmenés dans le petit village où était basée son équipe de rédaction, histoire de nous montrer à quoi ressemblait son quotidien d'alors, et quelle ne fut pas sa surprise, à l'arrêt de bus qui marquait la fin de notre voyage, de tomber nez à nez avec son ancien assistant, qu'il n'avait pas revu depuis près de trente ans, et qui contrairement à lui avait choisi de rester dans le petit archipel. De fil en aiguille, nous avons fait connaissance avec tout le village, avant d'être célébrés comme de véritable héros de retour sur le lieu de leurs exploits. Pour des gens qui se rendaient pour la première fois à Mazu, voilà un accueil auquel on ne s'attendait vraiment pas.

Cette fois, c'est sur un petit bateau, depuis Fuzhou, que nous sommes revenus. Un trajet d'une petite heure au milieu des récifs à la nationalité affichée, si on s'en tient aux messages de propagande rivalisant de taille et de couleurs vives. Un trajet moitié chinois, moitié taiwanais, si on s'en tient à l'étendard dressé à l'arrière du pont qui fut changé à mi-chemin. Un trajet qu'il était encore impossible d'effectuer il y a si peu de temps. Mais les choses ont bien changé par ici. Après l'élection du président taiwanais Ma Ying-jeou en mars 2008, les deux rives du détroit s'engagèrent dans un dialogue, encore en cours, et dont l'objectif est de mettre sur pied un partenariat en laissant de côté les querelles idéologiques et politiques qui se sont dressées comme une véritable muraille entre elles depuis soixante ans. Une série d'accords historiques furent signés, et parmi eux, la libre circulation entre la Chine et Taiwan, mettant fin à des décennies de détours inutiles. Jusqu'en 2008, si un homme vivant à Mazu souhaitait rendre visite à sa vieille tante restée à Fuzhou après 1949, il lui fallait rejoindre Taipei, puis de là prendre un avion pour Hong Kong, avant enfin de gagner la Chine. Et il s'agit là de la route la plus courte ! Désormais, il n'a qu'à prendre le bateau, et arriver chez sa tante une heure plus tard...

◄ À Mazu, la liberté n'a pas de prix et elle s'affiche dans les villages traditionnels faisant face à la mer.

Le rétablissement des lignes aériennes s'accompagna donc de celui du transport maritime. Avec encore quelques règles à respecter. Ainsi, il n'y a pas – encore – de ferry proposant un trajet direct entre la Chine et Taiwan, et les petits archipels de Mazu et Kinmen servent ainsi de tampon. La raison : l'un et l'autre ne sont pas, selon la désignation officielle, dans la province de Taiwan, mais dans celle du Fujian (qui se trouve sur le continent). En quittant la Chine pour ces îles, on ne quitte donc pas, pour les Chinois comme pour les Taiwanais, la province du Fujian. On s'accroche à ce qu'on peut...

Les touristes sont également les bienvenus pour se rendre ainsi de la Chine vers Taiwan, et vice-versa, même si leur présence est encore bien rare. D'ailleurs, lors de ma première traversée inter-détroit, en 2008, entre Kinmen et Xiamen (immense ville chinoise, et symbole de la puissance exportatrice de ce pays), les douaniers taiwanais s'étaient amusés en regardant mon passeport, m'assurant que j'étais le premier étranger à profiter des nouveaux accords entre Pékin et Taipei et à aller en Chine en bateau depuis Taiwan. Je ne les ai pas crus. Les Taiwanais aiment flatter les étrangers et leur donner de l'importance. C'est leur façon à eux de nous montrer du respect.

Plus sérieusement, la leçon que donnent au monde Pékin et Taipei est exceptionnelle, et nous rappelle que hors d'Europe, on peut aussi trouver des traces de cette modernité qui fit, un soir de novembre 1989, tomber un mur. Et qu'il n'est pas forcément nécessaire pour parvenir à de tels compromis de voir l'un des deux belligérants perdre la guerre, et disparaître. Taiwan n'existe ainsi pas vraiment selon les normes en vigueur, mais Taiwan existe bien dans la réalité malgré tout, et ces nouveaux accords avec la Chine ne remettent pas en cause cette existence. Au contraire, on pourrait même estimer qu'elles la renforcent. Après tout, respecter son voisin, c'est aussi reconnaître qu'il existe. Tous les murs du monde entier seraient bien inspirés de prendre exemple sur ce dialogue historique.

Mazu est un archipel d'une beauté étonnante, qui, on l'espère, deviendra avec Kinmen synonyme de retrouvailles et de respect mutuel, et non plus un lieu de division et de séparation comme il le fut pendant trop longtemps. C'est un musée de l'histoire des relations inter-détroit à ciel ouvert. Mais un musée vivant, où les armes ne sont pas des antiquités et où les soldats restent vigilants, car tout le monde ici a conscience que, malgré les avancées, la situation reste fragile et la fracture pourrait reprendre le dessus à tout moment. En attendant ce revirement non souhaité, chacun profite des évolutions de la géopolitique, et, de symbole de la séparation, Mazu est en passe de devenir un symbole de rapprochement.

Épilogue

Retour à Keelung

Après avoir longé la côte pendant près de deux heures, le bateau approche enfin de son but. Les lumières du port de Keelung sont déjà visibles, et comme pour rappeler aux passagers que l'arrivée est proche, des morceaux de musique pop taiwanaise passent en boucle dans les haut-parleurs, dans les cabines comme sur le pont.

Au loin, plus au sud, le long de cette côte pacifique balayée par les vents et, plusieurs mois par an, par des typhons d'une violence inouïe, on aperçoit les lumières des petits ports, tandis que certains navires, spécialisés dans la pêche aux calamars, sont illuminés par les nombreux spots qu'ils embarquent. C'est comme ça tous les jours, à la tombée de la nuit. Ces lucioles de la mer, visibles à des kilomètres, reviendront le lendemain, chargées d'une nourriture qui fera le bonheur le soir même des restaurants et petits étals sur le marché de nuit de Keelung. Plus loin encore, on peut apercevoir la masse impressionnante et magnifique de la montagne de Keelung qui se jette dans l'océan, et juste derrière, les lumières de Jiofen, l'ancienne cité minière reconvertie en une destination touristique à la mode. Bienvenue à Taiwan, où un passé douloureux se confond avec un présent frénétique et un futur plein de promesses.

L'entrée dans le port est interminable. Sur les deux berges, des milliers de conteneurs sont chargés sur des bateaux plus imposants les uns que les autres, qui bientôt prendront la mer dans toutes les directions, apportant au monde puces électroniques, ordinateurs portables ou cartes mémoires. Le temps où les produits *Made in Taiwan*, inondant le monde, étaient bon marché et souvent de qualité médiocre est loin. La petite île est devenue une superpuissance technologique avec laquelle il faut désormais compter, délocalisant sous le label *Made in China* les produits à valeur ajoutée moindre de l'autre côté du détroit, comme tant d'autres pays, mais dans des proportions d'autant plus grandes que la proximité géographique, linguistique, culturelle, mais aussi humaine fait de Taiwan le premier investisseur dans cet immense pays promis aux plus belles destinées. Alors Taiwan se spécialise dans le haut de gamme et les technologies avancées. Dans quelques mois, la marchandise transportée dans ces navires fera le bonheur des amateurs de high-tech du monde entier.

Derrière, sur les hauteurs, l'ancienne citadelle construite par les Espagnols du temps où ils contrôlaient la partie nord de l'île domine tout le port. Sa ligne de défense est bien désuète désormais, mais elle fut pendant longtemps imprenable, permettant aux insulaires de vivre à l'abri des invasions. Les Anglais s'y frottèrent sans succès. Seuls les Français parvinrent à poser le pied sur le rivage pendant la guerre de 1884-1885, mais au prix de pertes importantes. Dans ce port, on trouve d'ailleurs encore aujourd'hui un cimetière français, qui honore la mémoire des soldats tombés lors de la bataille de Keelung. Une bataille au final totalement inutile, comme tant d'autres, ici ou ailleurs. À la suite de la mort, dans les îles Pescadores, de l'amiral Courbet, qui dirigeait les opérations, et aux pressions politiques exigeant la fin de cette nouvelle aventure coloniale, la flotte rebroussa chemin, abandonnant à jamais les rêves de conquête de Formose. La jeune République française avait d'autres rêves coloniaux, et la « belle île », comme l'avaient en leur temps surnommée les marins portugais, ne figurait pas dans ses plans.

Aujourd'hui, les envahisseurs de Taiwan ont de meilleures intentions, et comme tout le reste de l'île, Keelung a bien changé depuis ce XIXe siècle si douloureux. À la manière de Hollywood, d'immenses lettres au nom de la ville accueillent les visiteurs, et l'activité bat son plein le long du port, tandis que les badauds se dirigent vers le marché de nuit.

Le bateau accoste enfin. Il y a peu de passagers à bord, en dehors des soldats en permission. Il faut dire que le bateau qui assure la liaison entre Keelung et le petit archipel de Mazu est quotidien, alors forcément, son taux de remplissage reste en général plus que limité. À peine déchargé, le navire repartira dans l'autre sens, emportant avec lui des jeunes soldats mobilisés aux portes de la Chine, les yeux bloqués sur leur téléphone portable, à écrire des messages d'au revoir à leurs petites amies, ou échangeant quelques blagues avec leurs copains. Les gardiens de Taiwan, soldats chargés d'assurer sa protection en cas d'agression de la Chine, ne s'intéressent plus vraiment à cette guerre hypothétique dont on leur parle depuis toujours. Leurs intérêts sont ailleurs, et ils attendent déjà de pouvoir rentrer et reprendre leurs activités une fois leur devoir accompli. Parmi ceux qui descendent, certains ne seront de permission que pendant quelques jours, puis devront repartir vers le petit archipel en attendant la quille. D'autres ont peut-être fini leur service, et vont pouvoir repartir vers de nouvelles aventures.

Pour nous aussi, cette descente de bateau marque le retour. La maison n'est plus qu'à deux kilomètres, et bientôt ce périple sera définitivement terminé. Près de dix semaines sur la route, entre deux continents, à la découverte de multiples mondes, s'arrêtant au total dans quinze pays, en traversant quelques autres... Et la destination finale, ce petit bout de terre à l'extrême est de l'Asie, et à l'extrême ouest du Pacifique – comme quoi ni l'est, ni l'ouest ne veulent véritablement dire grand-chose –, n'est même pas officiellement un pays. Si on s'en tient aux « normes » de la non moins mise entre guillemets « communauté internationale », Taiwan n'existe pas. Pas de siège à l'ONU, pas de reconnaissance diplomatique, à l'exception de l'appui d'une poignée de petits pays que l'on chercherait longtemps sur une carte du monde... Nous retournons dans cette anomalie de notre temps, ce lieu qui sort du monde, et où la mondialisation est pourtant si omniprésente. Dispersés aux quatre coins du monde, les consommateurs de ces ordinateurs de dernière génération, et pourtant déjà démodés au dire de leurs concepteurs travaillant déjà sur le prochain modèle, les friands de ces puces électroniques performantes et de plus en plus petites, ou encore les amateurs de ces téléviseurs à écrans plats... Savent-ils que leurs produits viennent de nulle part ? Savent-ils que le *Made in Taiwan* signifie littéralement *Made in Nowhere* ? Savent-ils qu'il existe encore des lieux que le monde semble ignorer, et qui pourtant sont connus de tous ? Tel est le paradoxe de Taiwan. Comme quoi les paradoxes ont parfois la vie dure et n'appartiennent pas tous au passé. Mais l'Asie est un monde de contrastes, et c'est bien ce qui la rend à la fois mystérieuse et fascinante.

Un dernier taxi nous dépose devant notre appartement. Cette fois, c'est une certitude, le voyage est terminé. Ce sera le dernier avant la naissance de notre petite Mia Eden, le dernier auquel elle n'aura pas pleinement participé. Son arrivée bouleverse tout. C'est pour nous une plongée dans l'inconnu, le commencement de nouvelles aventures, le début d'une nouvelle ère. C'est pour elle un commencement tout court. À son tour, elle parcourra sans doute un jour les routes d'Europe et d'Asie, de ces deux continents qui définissent son identité plurielle et dont elle est le lien, de ces deux mondes si différents, et pourtant si proches à la fois. Des mondes qui auront, d'ici là bien changé, comme ils ont tant changé depuis toujours, témoignant du perpétuel mouvement dans lequel ils sont engagés, et qui fait leur magie. Henri Michaux avait décidément trouvé les mots justes quand il écrivait, dans son magnifique *Un barbare en Asie*, « et l'Asie continue son mouvement, sourd et secret en moi, large et violent parmi les peuples du monde. Elle se remanie, elle s'est remaniée, comme on ne l'aurait pas cru, comme je ne l'avais pas deviné ».

Table des matières

Hc
hamac-carnets

Dans la même collection

H
h a m a c

Dans la collection Hamac

Pour effectuer une recherche libre par mot-clé à l'intérieur de cet ouvrage, rendez-vous sur notre site Internet au www.septentrion.qc.ca

Tous les livres de la collection Hamac sont imprimés sur du papier recyclé, traité sans chlore et contenant 100 % de fibres postconsommation, selon les recommandations d'ÉcoInitiatives (www.ecoinitiatives.ca).
En respectant les forêts, le Septentrion espère qu'il restera toujours assez d'arbres sur terre pour accrocher des hamacs.

PROTÉGEONS
NOS FORÊTS

CET OUVRAGE EST COMPOSÉ EN WARNOCK CORPS 11,5
SELON UNE MAQUETTE RÉALISÉE PAR PIERRE-LOUIS CAUCHON
ET ACHEVÉ D'IMPRIMER EN DÉCEMBRE 2012
SUR PAPIER ENVIRO 100 % RECYCLÉ
SUR LES PRESSES DE L'IMPRIMERIE MARQUIS
À MONTMAGNY
POUR LE COMPTE DE GILLES HERMAN
ÉDITEUR À L'ENSEIGNE DU SEPTENTRION